Springer

Berlin
Heidelberg
New York
Barcelona
Hongkong
London
Mailand
Paris
Singapur
Tokio

Ulrich Steger (Hrsg.)

Globalisierung gestalten

Szenarien für Markt, Politik und Gesellschaft

Unter Mitarbeit von Johannes Schmidt

Springer

Herausgeber:
Professor Dr. Ulrich Steger
Institut für Ökologie und Unternehmensführung e.V.
an der European Business School
Schloß Reichartshausen
65375 Oestrich-Winkel

Mitarbeiter:
Dr. Johannes Schmidt
Institut für Ökologie und Unternehmensführung e.V.
an der European Business School
Schloß Reichartshausen
65375 Oestrich-Winkel

ISBN-13: 978-3-540-65908-2 Springer-Verlag Berlin Heidelberg New York

Die Deutsche Bibliothek - Cip-Einheitsaufnahme
Steger, Ulrich:
Globalisierung gestalten : Szenarien für Markt, Politik und Gesellschaft /
Ulrich Steger. - Berlin ; Heidelberg ; New York ; Barcelona ; Hongkong ; London ;
Mailand ; Paris ; Singapur ; Tokio : Springer, 1999
ISBN-13: 978-3-540-65908-2 e-ISBN-13: 978-3-642-60202-3
DOI: 10.1007/978-3-642-60202-3

Umschlaggestaltung: de'blik, Berlin
Herstellung: ProduServ GmbH Verlagsservice, Berlin
Satz: Reproduktionsfertige Vorlage vom Herausgeber
SPIN: 10727078 07/3020 - 5 4 3 2 1 0

Geleitwort

Jahrelang standen die ökonomischen Facetten der Globalisierung im Zentrum der Diskussion – dies ist nicht zuletzt darauf zurückzuführen, daß die globale Wirtschaft den Motor dieser Entwicklung darstellt. Die verstärkte internationale Zusammenarbeit der Staaten und von Nicht-Regierungsorganisationen zum Beispiel im Umweltschutz oder die Herausbildung einer globalen Medienkultur zeigen jedoch: Auch die nicht-ökonomischen Verflechtungen und Abhängigkeiten sind international gewachsen und werden zunehmen.

Bereits Ende 1994 haben sich Wissenschaftler und Experten aus Wirtschafts-, Sozial- und Politikwissenschaften und der Praxis zusammengefunden, um interdisziplinär die nicht-ökonomischen Effekte der Globalisierung zu analysieren. Im Mai 1995 entstand das Ladenburger Kolleg "Globalisierung verstehen und gestalten" als Förderschwerpunkt der Gottlieb Daimler- und Karl Benz-Stiftung.

Die Stiftung, mit Sitz im nordbadischen Ladenburg, fördert Wissenschaft und Forschung zur Klärung der Wechselbeziehungen zwischen Mensch, Umwelt und Technik. Die Komplexität dieser Themen erfordert eine interdisziplinäre wissenschaftliche Zusammenarbeit und die Diskussion der Wissenschaftler mit den Praktikern. Den Rahmen für diese Forschungen und Auseinandersetzungen geben die Ladenburger Kollegs ab, die die Stiftung als Schwerpunkte ihres Programms fördert.

Die Arbeit des Kollegs "Globalisierung verstehen und gestalten" verlief in zwei Phasen: In Forschungsprojekten und Diskussionen mit Sachverständigen analysierten die Beteiligten Einzelfragen und erarbeiteten eine gemeinsame Analyse der Wirkmuster der Globalisierung. Die Ergebnisse der Projekte liegen in einem Sammelband vor, der zeitgleich zu diesem Buch ebenfalls im Springer Verlag erscheint.

Die zweite Phase der Kollegarbeit konzentrierte sich auf die Umsetzung der bis dahin gewonnenen Erkenntnisse in Handlungsempfehlungen. Die hierbei entwickelten drei Szenarien zeigen Möglichkeiten zur Gestaltung der Globalisierung auf. Die Szenarien stehen im Zentrum dieses Buches, das der Autor arbeitsteilig mit seinen Kollegen und Dr. Johannes Schmidt verfaßt hat.

Die Stiftung dankt allen an dem Kolleg Beteiligten für ihre jahrelange Zusammenarbeit, die schließlich zu fruchtbaren Ergebnissen führte. Stellvertretend für den gesamten Kreis sei hier besonders Professor Ulrich Steger genannt, der die Grundidee für das Kolleg in das Stiftungsprogramm einbrachte und als Kollegleiter die Zusammenarbeit durch viele Ideen inspirierte. Wir empfehlen die geleisteten Arbeiten und die jetzt vorliegenden Bücher dem interessierten Publikum.

Ladenburg, im März 1999

Prof. Dr. Gisbert Frhr. zu Putlitz
Dr.-Ing. Diethard Schade
(Vorstand der Gottlieb Daimler- und Karl Benz-Stiftung)

Inhaltsverzeichnis

Einleitung

Bedeutet die Globalisierung den Untergang des Abendlandes oder ein besseres Leben für alle, zumindest für alle Anpassungswilligen? In diesem beinahe allumfassenden Spektrum bewegen sich die Ansichten über Konsequenzen der Globalisierung. Dabei ist erstaunlich, daß Globalisierung fast durchgehend als ein rein ökonomisches Phänomen wahrgenommen wird: In den Diskussionen ist die Rede vom immer härter werdenden internationalen Standortwettbewerb, von den aufstrebenden Schwellenländern, die mit billigen Arbeitskräften und hoher Produktivität den Wohlstand der Industrieländer bedrohen würden, von der immer größeren Mobilität des Kapitals, das sich weltweit den „besten Wirt", sprich: die rentabelsten Anlagemöglichkeiten suchen könne usw.

Je nach dem politischen Standort ergeben sich auch die Reformvorschläge der Diskutanten, die in der Globalisierungsdebatte vorgebracht werden und die ebenfalls in erster Linie ökonomischer Natur sind: Maßnahmen zur Anpassung an den steigenden Wettbewerbsdruck, wie z. B. verstärkte Deregulierung vor allem der Arbeitsmärkte, Senkung der (Lohn-)Kosten und Senkung der Steuerlasten, um im Standortwettbewerb mithalten zu können; oder auch neue Regulierungen etwa zur Stabilisierung der Finanzmärkte und der Eindämmung der Spekulation, die zur Entkopplung der Finanzmärkte von der der Realwirtschaft geführt hätten; schließlich auch Forderungen, gegen angebliches Sozial- oder Umweltdumping von Entwicklungsländern vorzugehen, die mit niedrigeren Löhnen die Arbeitsplätze in Industrieländen gefährden – ein neuer Protektionismus erhebt sein Haupt. An dieser Aufzählung wird auch der „instrumentale" Charakter der Debatte deutlich: Es wird eine sehr engagierte Diskussion über verschiedenste Maßnahmen und Instrumente geführt, die angesichts der Globalisierung dürchgeführt und eingesetzt werden sollten oder müßten; demgegenüber kommt die Frage zu kurz, welche Entwicklung die Gesellschaft im allgemeinen angesichts der Globalisierung nehmen soll und welche Werte und Zielvorstellungen diese Entwicklung bestimmen sollen.

Auf der anderen Seite geben manche Autoren – auch sie meist Ökonomen – Entwarnung und können in den ganzen Debatten um Globalisierung, Wettbewerbsfähigkeit von Standorten und der Bedrohung durch Billiglohnländer wenig Substanz finden: eine Rhetorik, die einzelwirtschaftliche Überlegungen vorschnell auf die Gesamtwirtschaft übertrage, von den eigentlichen Problemen ablenke und im schlechtesten Fall zu falschen Entscheidungen der Politik führe.

Die gesamte Debatte um Globalisierung bewegt sich zwischen einem achselzuckenden „So what?" – schließlich habe es internationalen Handel, Kapitalverkehr und damit auch Globalisierung schon immer gegeben – und einer Neuauflage der bekannten „Standort"-Debatte, in der die Globalisierung als neues Argument zur Unterstützung alter Forderungen verwendet wird, ohne im einzelnen darauf zu achten, ob sie angesichts der Globalisierung wirklich sinnvoll oder auch nur möglich sind.

Unter den Tisch fällt bei dieser ganzen Diskussion, daß Globalisierung zwar ein Phänomen ist, das durch wirtschaftliche Prozesse und Zusammenhänge in die Diskussion gekommen ist, aber auch noch andere Facetten aufweist – Facetten, die durchaus wirtschaftliche Bedeutung haben (können), sich aber nicht in dieser wirtschaftlichen Bedeutung erschöpfen: die weltweite Verfügbarkeit von Informationen mit Hilfe der modernen Informations- und Kommunikationstechnik; die weltweite Bedeutung von lokalen oder regionalen Ereignissen (z. B. Umweltverschmutzung); die zunehmende internationale Zusammenarbeit von Organisationen; Begegnungen zwischen verschiedenenen Kulturen usw.

Aus all diesen Gründen möchte deshalb das vorliegende Buch in verschiedener Hinsicht einen anderen Weg gehen. In einem ersten Teil (*Wirkungszusammenhänge der Globalisierung*) soll aufgezeigt werden, was die grundlegenden Veränderungen sind, die die Globalisierung mit sich bringt. Die Analyse ergibt sechs zentrale Charakteristika, die als wesentliche Kennzeichen der Globalisierung aufzufassen sind. In diesem Zusammenhang wird auch darauf eingegangen, wie drei zentrale Problemfelder der westlichen Gesellschaften – Arbeitslosigkeit, Alterssicherung und Umweltschutz – von der Globalisierung und ihren Charakteristika betroffen sind.

Im zweiten Teil (*Szenarien der Globalisierung*) geht es um Optionen und Gestaltungsalternativen angesichts der Globalisierung. Globalisierung ist nach unserer Überzeugung zwar eine neue Herausforderung für Wirtschaft und Gesellschaft, sie ist jedoch kein deterministisch ablaufender Prozeß, sondern verlangt nach Gestaltung, die sich an bestimmten Leitbildern und Zielvorstellungen orientieren muß. Dabei hängt es ganz wesentlich von den zugrunde liegenden Leitbildern und den aus ihnen abgeleiteten Maßnahmen ab, in welche Richtung die Globalisierung die Gesellschaft verändern wird. Zentrale Botschaft dieses Teils soll es sein, daß die Gesellschaft der Globalisierung nicht hilflos ausgeliefert ist, sondern Gestaltungsalternativen bestehen, die diskutiert und genutzt werden müssen. Dies soll mit Hilfe von Szenarien geschehen, in denen die grundlegenden Politikoptionen dargestellt werden und ihre Problemlösungskapazität insbesondere in den genannten Bereichen – Arbeitslosigkeit, Alterssicherung und Umweltschutz – aufgezeigt wird. Zugleich wird deutlich, daß jedes dieser Szenarien nicht nur Probleme lösen kann, sondern auch Grenzen hat; es zeigt sich, daß man in aller Regel kein Szenario „rein“ durchführen kann, sondern eine intelligente Mischung anstreben sollte.

Dabei ist der Bezugsrahmen der Darstellung stets die Situation in Deutschland. Der Grund dafür liegt darin, daß Szenarien immer (auch) Weiterentwicklungen einer bestimmten institutionellen Struktur sind und dementsprechend für jedes Land etwas anders aussehen. Dies heißt nicht, daß bei der Darstellung der Szenarien die internationale Diskussion außer acht gelassen wird – im Gegenteil: Viele Vorschläge, wie der Globalisierung zu begegnen sei, beruhen ja auf Erfahrungen des Auslands bzw. sind auf Veränderungen im Ausland und in der Welt zurückzuführen; dennoch aber spiegeln die Szenarien in erster Linie mögliche Entwicklungen und Trends in Deutschland wider.

In all diesen Szenarien spielen drei Akteure eine wichtige Rolle: Unternehmen, der Staat und zivilgesellschaftliche Gruppen – mit letzteren sind Organisationen,

Verbände, Selbsthilfegruppen etc. gemeint, die sich jenseits von Staat und Markt für bestimmte Anliegen engagieren. Innerhalb jedes Szenarios müssen die drei Akteure bzw. Akteursgruppen Wege finden, um ihre Ziele erreichen zu können, wobei die Bedingungen, unter denen ihnen das möglich ist, in jedem Szenario anders aussehen. Daher lassen sich in jedem Szenario für die Akteure Handlungsempfehlungen ableiten.

Die Darstellung der Szenarien und der Handlungsempfehlungen dient zugleich als Raster, um die unterschiedlichen Konzeptionen und Empfehlungen, die von verschiedenen Autoren zum Thema Globalisierung gegeben werden, einordnen zu können. Dazu werden beispielhaft einige Schriften herangezogen, die im Zusammenhang mit der Globalisierungsdebatte eine beherrschende Rolle in der öffentlichen Diskussion gespielt haben. Mit der Einordnung in die dargestellten Szenarien werden die unterschiedlichen Werthaltungen deutlich, die die Darstellungen der Autoren prägen, die sie aber nur selten explizit offenlegen.

Ausgehend von diesen Szenarien und der Gegenüberstellung mit anderen Konzeptionen der Globalisierung geht es im letzten Teil (*Eine neue öffentliche Debatte zur Globalisierung?*) darum, die eigentliche Debatte anzustoßen, um die es im Zusammenhang mit der Globalisierung gehen sollte: die Debatte um Werte und Zielvorstellungen über die gesellschaftliche Entwicklung. Die Globalisierung setzt die Gesellschaft unter einen Anpassungsdruck; der bisherige gesellschaftliche Konsens und die Balance verschiedener Ziele und Werte ist bedroht. Es gilt angesichts der Globalisierung, die verschiedenen gesellschaftlichen Zielvorstellungen neu zu diskutieren und zu finden und die richtigen Instrumente einzusetzen, um sie zu erreichen. Dieses Buch will dazu einen Beitrag leisten.

Wirkungszusammenhänge der Globalisierung

1 Die Globalisierung ist tot – es lebe die Globalisierung!

Hat die Globalisierung ihren Zenit bereits überschritten? Diesen Eindruck könnte man bekommen, wenn man die Entwicklungen in der Weltwirtschaft der letzten Monate und Jahre verfolgt sowie die Diskussion darüber.

Ende der 80er Jahre und Anfang der 90er Jahre schien der Weg noch klar zu sein: die Planwirtschaft des real existierenden Sozialismus war zusammengebrochen und dem Sieg der Marktwirtschaft schien nichts mehr entgegenzustehen. In Fortführung des Trends der 80er Jahre standen alle Zeichen auf Deregulierung, Liberalisierung sowie Öffnung der Märkte für Güter, Menschen und Kapital. Das Wort von der Globalisierung war in aller Munde. Inzwischen ist weitgehende Ernüchterung eingetreten; „global capitalism, once triumphant, is in full retreat", wie Robert J. Samuelson in der *International Herald Tribune* schreibt. Da scheint es angezeigt, einmal kurz innezuhalten und sich Rechenschaft darüber abzugeben, wo wir in der Globalisierung eigentlich stehen.

1.1 Die politische Lage in Westeuropa

1984 stellte Peter Glotz in seinem Buch *Die Arbeit der Zuspitzung* fest: „Die großen Industrieländer des Westens stehen unter neokonservativer Vormacht – das ist die Lage. Wie gewinnt die Linke die Hegemonie zurück?"

Diese Frage hat sich inzwischen erledigt, denn die meisten westeuropäischen Länder werden wieder sozialdemokratisch bzw. sozialistisch regiert. Und obwohl man sich selbstverständlich fragen kann, ob die Sozialdemokraten von heute noch denen von gestern gleichen, so scheint sich doch anzudeuten, daß in Zukunft wieder vermehrt auf die lenkende Hand des Staates gesetzt und der Pfad der ungebremsten Deregulierung und Liberalisierung verlassen wird. Diese Tendenz zur erneuten und verstärkten Regulierung ist allerdings noch reichlich diffus und sucht noch nach dem richtigen bzw. zukunftsträchtigen politischen „Projekt". Kandidaten für solche Projekte gibt es mehrere: etwa eine EU-weit abgestimmte Beschäftigungspolitik, die den Staat wieder verstärkt in die Pflicht nehmen soll, für Vollbeschäftigung zu sorgen; eine Reform des Welt-Finanzsystems, hin zu Kapitalverkehrskontrollen und/oder fixen Wechselkursen; eine Reform der Welt-Handelsordnung mit Sozial- und Umweltstandards usw. Wie auch immer die zukünftigen politischen Projekte genau aussehen mögen, ein verstärkter Trend zu einem neuen Interventionismus ist unverkennbar.

Dabei soll nicht verkannt werden, daß dieser Trend in den USA bei weitem noch nicht so deutlich zu erkennen ist. Nach wie vor ist die vorherrschende Meinung in den Vereinigten Staaten auf eine Abwehr solcher Interventionen und Regulierungen gerichtet, insbesondere wenn sie auf internationale Abkommen abzielen, etwa zur Stabilisierung der Wechselkurse. Die USA setzen in erster Linie auf die Ergebnisse des freien Wettbewerbs und der freien Märkte (trotz gelegentlich aufkommender protektionistischer Tendenzen). Europäischen Vorschlägen etwa zur Einrichtung von Wechselkurszielzonen stehen die USA skeptisch gegenüber. Diese unterschiedlichen Auffassungen beidseits des Atlantiks erschweren naturgemäß eine Einigung über wichtige Fragen der internationalen (Wirtschafts-) Politik.

In diesem Zusammenhang fehlt es auch nicht an Warnungen, vermehrte staatliche Eingriffe seien für die weitere Entwicklung, für Wachstum und Wohlstand schädlich, aber die Mehrheitsmeinung in der Politik wie der Bevölkerung scheint – zumindest in Europa – wieder stärker der Regulierung zuzuneigen. Und die Diskussion über den verstärkten Zugriff des Staates auf die Prozesse von Wirtschaft und Gesellschaft weist klar darauf hin, daß auch die Bereiche wieder einer stärkeren Kontrolle unterzogen werden sollen, von denen im Zusammenhang mit der Globalisierung am meisten die Rede ist: die Finanzmärkte und der internationale Handel mit Waren und Dienstleistungen.

1.2
Die Globalisierung der Finanzmärkte

In wenigen Bereichen scheint die Globalisierung so weit fortgeschritten zu sein wie auf den Finanzmärkten. Hier standen seit Ende des Bretton-Woods-Systems die Zeichen auf Deregulierung und Liberalisierung; praktisch alle Ökonomen befürworteten freien Kapitalverkehr und flexible Wechselkurse. Und in der Tat sind die Umsätze auf den globalen Finanzmärkten enorm: jeden Tag werden Billionen US-$ umgeschlagen, die nur zu einem kleinen Teil dem internationalen Umsatz von Waren und Dienstleistungen dienen. Die Finanzmärkte haben sich von der Realwirtschaft weitgehend abgetrennt.

Dennoch hatte bis vor einiger Zeit kaum eine maßgebliche Persönlichkeit in Wissenschaft oder Politik den positiven Effekt freier Kapital- und Devisenmärkte in Frage gestellt; sie sorgen, zumindest auf lange Sicht, dafür, daß Kapital seine bestmögliche Verwendung in den verschiedenen Länder findet, und verbürgen einen allgemeinen Zuwachs von Wohlfahrt und Wohlstand. Gelegentliche Zwischenfälle haben an dieser Sicht der Dinge nichts Grundlegendes ändern können.

Aber die jüngsten Krisen haben die allgemeinen Ansichten über die Finanzmärkte und ihre Bedeutung kräftig gewandelt: Bereits die Mexiko-Krise 1994 und die anschließende Rettungsaktion des Internationalen Währungsfonds (IWF) begünstigte einen Stimmungsumschwung. Die Zahlungsunfähigkeit Rußlands, insbesondere aber die Asienkrise, die für viele bereits ein Zeichen für die bevorstehende Weltwirtschaftskrise sind, haben zu einem breiten Umdenken geführt. Auf der einen Seite die plötzliche Krisensituation in einzelnen asiatischen Ländern, die lediglich durch spekulative Kapitalbewegungen hervorgerufen schien – auf der anderen Seite die beinahe „staatskapitalistisch“ anmutenden Rettungsaktionen, die vor allem dazu dienten, die (westlichen) Investoren vor allzu großem Schaden zu bewahren – dies hat zu einem solchen Meinungsumschwung einiges beigetragen.

Die Einführung von Kapitalverkehrskontrollen zur Abwehr plötzlicher Kapitalein- und vor allem -ausfuhr, die Regulierung der Wechselkurse, eine stärkere nationale wie internationale Kontrolle der Banken – kurz: es ist weniger von weiterer Deregulierung als vielmehr von neuer Regulierung die Rede; es geht darum, der Weltwirtschaft und dem Weltfinanzsystem einen Ordnungsrahmen einzuziehen.

1.3 Welthandel und Direktinvestitionen

Der Welthandel ist seit Jahren und Jahrzehnten durch fortschreitende Liberalisierungen gekennzeichnet. Entsprechend weitete sich der Handel auch stetig aus und nahm schneller zu als das Welt-Bruttosozialprodukt. Inzwischen haben die Außenhandelsverflechtungen der Länder etwa wieder das Niveau von vor dem Ersten Weltkrieg erreicht. Lange Zeit war der Nutzen des Freihandels unbestritten. Aber mit dem Eintritt der Entwicklungs- und Schwellenländer in das internationale Handelssystem wird der Freihandel immer mehr als Bedrohung für die Märkte und die Arbeitsplätze in den Industrieländern verstanden: Standortwettbewerb, Bedrohung durch Billiglohnländer: das waren die Stichworte, die seit einigen Jahren durch die Diskussion geistern.

Der Standortwettbewerb, die Konkurrenz durch Billiglohnländer, der schnelle technische Fortschritt und die durch ihn ausgelösten Rationalisierungen: all diese Phänomene haben zu zahllosen Veröffentlichungen über die Auswirkungen der Globalisierung geführt. Das Spektrum der Schriften ist außerordentlich breit: optimistische Schilderungen der Chancen, die sich durch die Globalisierung bieten; Hinweise auf vermehrten staatlichen Regulierungsbedarf, um die Auswirkungen der Globalisierung sozial abzufedern; schließlich auch Befürchtungen über ein Verschwinden der Erwerbsarbeit durch fortschreitende Rationalisierung. Zu Bestsellern entwickelt haben sich aber richtiggehende Horrorszenarien, wie sie etwa in der *Globalisierungsfalle* von Hans-Peter Martin und Harald Schumann skizziert werden. In eine ähnliche Richtung stößt der amerikanische Journalist William Greider mit seinem Buch *Endstation Globalisierung: Der Kapitalismus frißt seine Kinder* (*One World Ready or not: The Manic Logic of Capitalism*). Auf diese und andere Werke zur Globalisierung wird in späteren Kapiteln noch eingegangen.

Wie immer man zu den Überlegungen Autoren im einzelnen stehen mag, derartige Schriften haben ihre Wirkung in der Öffentlichkeit nicht verfehlt. Es wird nach Maßnahmen gerufen, die dazu führen sollen, die Bürger vor den negativen Auswirkungen der Globalisierung zu schützen.

Der Trend in der EU ist recht eindeutig: Harmonisierung von Normen und Freihandel nach innen – Abschottung nach außen. Dies zeigt sich auch wieder im erneuten Streit um die Bananenmarktordnung der Europäischen Gemeinschaft zeigt. Die Ordnung begünstigt den Import von Bananen in die EU, die aus den ehemaligen Kolonien Frankreichs und Englands kommen, belegt jedoch die sogenannten Dollarbananen (Bananen aus anderen Erzeugerländern, deren Verkauf und Vermarktung in erster Linie durch amerikanische Konzerne wie Chiquita erfolgt) mit Einfuhrquoten und -zöllen. Derartige Probleme schienen im Rahmen der letzten Verhandlungsrunde des Allgemeinen Freihandelsabkommens (GATT – *General Agreement on Tariffs and Trade*) bzw. im Rahmen der Welthandelsorganisation (WTO – *World Trade Organisation*) schon gelöst, sind aber nach wie vor ein Grund für Auseinandersetzungen zwischen den USA und der Europäischen Union.

In den USA wurden schon in der Debatte um die Nordamerikanische Freihandelszone (NAFTA – *North American Free Trade Association*) wieder vermehrt protektionistische Töne laut, da das Abkommen angeblich zu einer massenhaften Auslagerung von Kapital und Arbeitsplätzen nach Mexiko führe; Ross Perot, der als unabhängiger Kandidat 1992 in der amerikanischen Präsidentschaftswahl antrat, nutzte diese Befürchtung für seine Wahlkampagne: Amerika werde in bezug auf Arbeitsplätze durch das Abkommen regelrecht ausgesaugt; Perot sprach vom „giant sucking sound“, der aufgrund der Arbeitsplatzverluste zu hören sein werde.

Allerdings wird nicht überall frank und frei von Protektionismus geredet; aber deutlich artikuliert sich der Wunsch nach einer Zähmung des ungebremsten Freihandels, nach einer Ordnung des Welthandelssystems, die so verschiedene Formen von Sozial- oder Öko-Dumping verhindern solle.

1.4 Globalisierung – nur eine vorübergehende Episode?

Diese Entwicklungen in der aktuellen Diskussion sowie in der Politik scheinen darauf hinauszulaufen, daß die Globalisierung zunehmend an Akzeptanzgrenzen stößt. Gerade im wirtschaftlichen Bereich stehen die Zeichen momentan eher auf Kontrolle und Regulierung als auf weitere Liberalisierung und Marktentfesselung. Bedeutet dies dann, daß die Globalisierung nur eine vorübergehende Phase ist, die beim Auftreten neuer Ordnungsrahmen keine große Bedeutung mehr hat?

Ein solcher Schluß dürfte jedoch zu kurz greifen. Einmal wird Globalisierung in dieser Optik lediglich als ein rein ökonomisches Phänomen betrachtet. Selbst wenn man auf dieser ökonomischen Betrachtungsebene stehenbleibt, heißt das nicht, daß durch vermehrte Regulierung der Trend zur Globalisierung gebrochen wird – er wird vielleicht in andere Bahnen gelenkt, aber an den grundlegenden Umstrukturierungen, die im Gange sind, ändert das wenig: So verschiebt die Wachstumsdynamik der Schwellenländer und die Neuordnung der internationalen Arbeitsteilung die Gewichte in der Weltwirtschaft. Dies hat auch beträchtliche Rückwirkungen mit Machtverschiebungen zur Folge. Zu fragen ist, wie sich Europa und Deutschland in dieser neuen Dynamik der Welt positionieren. Auch die Hauptakteure der globalen Wirtschaft, die Unternehmen, transformieren sich – sowohl was ihre internen Strukturen betrifft als auch ihre Beziehungen zur politischen, sozialen und ökologischen Umwelt.

Globalisierung hat jedoch auch noch andere Aspekte, die über die Wirtschaft hinausreichen und die ebenfalls eine längerdauernde Bedeutung haben. Sie umfaßt die schrumpfende Rolle des Nationalstaates; sie betrifft das Aufkommen anderer gesellschaftlicher Werte und Lebensstile; sie schafft neue Probleme wie die international organisierte Kriminalität oder illegale Migration; sie führt aber auch zu einem gemeinsamen Bewußtsein der Grenzen des globalen Öko-Systems. Einzelne Indikatoren weisen denn auch auf zunehmende Verflechtungen in anderen als den ökonomischen Dimensionen hin: So zeigt sich etwa ein bemerkenswerter Anstieg der Zahl internationaler Organisationen – und dies weniger bei den Regierungsorganisationen (IGO's – *International Governmental Organisations*) als vielmehr bei den Nicht-Regierungsorganisationen (NGO's – *Non-Governmental Organisations*), also Verbänden, Interessengruppen und Freiwilligenorganisationen.

Zwar dominieren in der öffentlichen Diskussion die wirtschaftlichen Faktoren der Globalisierung, zugleich wird aber doch gespürt, daß dahinter mehr als nur eine Vertiefung der internationalen Arbeitsteilung der internationalen Arbeitsteilung steckt; was genau, ist für viele jedoch nur schwer festzumachen: Globalisierung wird als ein zwar relevantes, aber diffuses, unerklärliches und damit tendenziell eher bedrohliches Phänomen wahrgenommen.

Um so mehr ist es daher erforderlich, sich über die Dimensionen des Phänomens Globalisierung im klaren zu werden; nur dann können die Reaktionsmöglichkeiten der Gesellschaft auf diese Herausforderung adäquat gewürdigt werden.

2 Wirkmuster der Globalisierung – nichts geht mehr, aber alles geht

Die Globalisierung ist in aller Munde – sei es als Bedrohung oder als Verheißung. Meist aber verläuft die Diskussion in den Gleisen der hinlänglich bekannten „Standort"-Debatte. Ein – meist recht diffuses – Verständnis von Globalisierung, oft auch gleichgesetzt mit verschärftem internationalem Standortwettbewerb, wird als Argument verwendet, um Forderungen nach zusätzlichen Anpassungsleistungen – vornehmlich anderer Wirtschaftssubjekte – zu untermauern. Doch was steht wirklich hinter der Globalisierung?

2.1 Unstrittige Fakten und Meßschwierigkeiten

Obwohl sich die verschiedenen gesellschaftlichen Gruppen in ihrer Beurteilung der Globalisierung nicht einig sind, gibt es doch einige unstrittige Dinge, die von allen Beteiligten mit der Globalisierung in Zusammenhang gebracht werden. Dies sind:

- der internationale Handel sowie die Auslandsdirektinvestitionen, die seit den 80er Jahren doppelt bzw. viermal so schnell zugenommen haben wie das Welt-Bruttosozialprodukt;
- die weltweite Streuung von Produktionsaktivitäten (oder anders gesagt: die globale Aufspaltung der unternehmerischen Wertschöpfungskette), die durch sinkende Transportkosten, die Ausbreitung von Informations- und Kommunikationstechnologie und die dadurch erreichte Vernetzung möglich geworden sind. Damit in engem Zusammenhang steht die weltweite und kostengünstige Verfügbarkeit von Informationen, die durch das Internet und darüber zugängliche Datenbanken möglich geworden ist;
- die Integration der Geld- und Kapitalmärkte, deren Globalisierung zweifellos am weitesten fortgeschritten ist und die sich z. T. von der Realwirtschaft gelöst haben (nur knapp 3 % der grenzüberschreitenden Finanztransaktionen dienen der Finanzierung des internationalen Handels von Waren und Dienstleistungen). Zugleich haben sich die Renditeerwartungen insbesondere der institutionellen Investoren erhöht; dies hat dazu geführt, daß Unternehmen ihren Kapitalgebern, insbesondere ihren Aktionären, vermehrt Aufmerksamkeit widmen und den Wert des Unternehmens für die Aktionäre („shareholder value") zu steigern suchen;
- die Angleichung der Lebenskultur, zumindest in bestimmten Segmenten.

Doch die Globalisierung ist keineswegs eine Einbahnstraße; zu jedem der genannten Trends lassen sich auch Gegenbewegungen finden:

- die weltweite Handelsliberalisierung findet ihren Gegenpol in wachsenden protektionistischen Tendenzen;
- gegenüber der weltweiten Verfügbarkeit von Informationen und der globalen Aufspaltung der unternehmerischen Wertschöpfungskette orientieren sich viele wieder verstärkt an ihrem persönlichen lokalen und überschaubaren Umfeld; dies gilt nicht nur für Privatpersonen, sondern auch für Unternehmen, wenn sie z. B. unter dem Schlagwort „think global, act local" die verschiedensten lokalen und landesspezifischen Kulturen unter einen Hut zu bringen versuchen;
- neben der verstärkten Orientierung am „shareholder value" besinnen sich viele Unternehmen wieder auf ihre Mitarbeiter als „wichtigste Ressource", die es gerade in Krisenzeiten verstärkt zu motivieren gilt;
- gegenüber der Angleichung von Konsum- und Lebensmustern finden sich viele Abgrenzungsbestrebungen, die oft nationalistische oder (in der Religion) fundamentalistische Züge annehmen können.

Diese Widersprüche und Gegenbewegungen sind ein typisches Zeichen für Zeiten des Umbruchs und des Übergangs; alte Strukturen erweisen sich in vieler Hinsicht als nicht mehr tragfähig; die neuen haben sich noch nicht klar herausgebildet.

Obwohl Globalisierung vor allem als wirtschaftliches Phänomen gesehen wird, läßt sich auch in diesem Bereich die Globalisierung keineswegs eindeutig feststellen. Das wird deutlich, wenn man versucht, Globalisierung zu messen. Traditionelle Maße wie etwa die Export- und Importstatistiken umfassen z. B. nicht den Intra-Konzernhandel (Lieferungen zwischen den global verstreuten Produktions- und Dienstleistungsstätten von Unternehmen), der nach übereinstimmenden Schätzungen etwa ein Drittel des statistisch erfaßten internationalen Handels ausmacht.

Bei einer ökonomisch umfassenden Konzeption des Globalisierungsprozesses müssen vielmehr alle wirtschaftlichen Aktivitäten betrachtet werden, die irgendeine Form von Grenzen überschreiten. Ein derartiges Konzept muß folgende Kriterien aufgreifen:[1]

- die wirtschaftliche Verflechtung (Handelsquoten, Direktinvestitionen),
- die Betroffenheit der Einzelelemente der Wertschöpfungskette (Einnahmen- und Ausgabenquoten mit dem Ausland im Lizenz- und Patentverkehr sowie der Forschung und Entwicklung),
- die Betroffenheit der Produktionsfaktoren (ausländischer Anteil an Erwerbspersonen und an sozialversicherungspflichtig Beschäftigten sowie am Kapital),
- die Anzahl relevanter (Handels-)Länder als Indikator der Entgrenzung und Fragmentierung ökonomischer Aktivitäten,
- die Gleichmäßigkeit der Streuung von Auslandsaktivitäten (räumliche Verteilung der Auslandsanteile an Direktinvestitionen, Ex- und Importen sowie Einnahmen und Ausgaben für Patente und Lizenzen, gemessen mit einem Konzentrations- bzw. Streuungsmaß, das mit zunehmender Globalisierung wächst).

---

[1] Vgl. dazu Germann, H., Raab, S., Setzer, M.: Messung der Globalisierung: ein Paradoxon. In: Steger, U. (Hrsg.): Facetten der Globalisierung: ökonomische, soziale und politische Aspekte. Berlin, Heidelberg, New York: Springer 1999, S. 1–25.

Doch wenn man ein solches Meßkonzept zu konstruieren versucht, das verschiedene Globalisierungskriterien aufgreift, so zeigt sich für Deutschland z. B. folgendes:

- Die wirtschaftliche Verflechtung zeigt eine konjunkturell erklärbare zyklische Entwicklung sowie nach der deutschen Vereinigung eine Fluktuation auf niedrigem Niveau.
- Bei der Erfassung der Betroffenheit der Einzelelemente der Wertschöpfungskette (hier konzentriert auf Einnahmen und Ausgaben für Patente und Lizenzen sowie Forschung und Entwicklung) zeigt sich ebenfalls eine zyklische Entwicklung bei allerdings leicht steigendem Trend. Dies deckt sich mit der Erkenntnis, daß Unternehmen nach Produktionsverlagerungen ins Ausland zunehmend auch ihre Bereiche der (Standard-)Forschung und Entwicklung global organisieren.
- Sieht man von einer vereinigungsbedingten Unterbrechung ab, so zeigt sich beim Kriterium „Betroffenheit des Produktionsfaktors Arbeit" ein steigender Trend. Der „Auslandsanteil" am Faktor Arbeit in der Bundesrepublik Deutschland wächst, was jedoch auch auf die Errichtung des europäischen Binnenmarktes mit seinen Freiheiten und den temporär erhöhten Flüchtlings- und Zuwanderungsströmen zurückzuführen sein kann.
- Bei dem an der Export- und Importländerzahl gemessenen Kriterium der „Entgrenzung" zeigt die Anzahl der bedeutenden Handelsländer bemerkenswerterweise eine Stagnation. Wenn auch in den Einzeljahren wieder Schwankungen gemessen werden, so reflektiert dieses Kriterium vermutlich eine gestiegene Fokussierung auf den europäischen Binnenmarkt, während Länder mit geringerer wirtschaftlicher Attraktivität (wie z. B. in Afrika) zurückfielen und jene mit neu errungener Attraktivität Eingang in die Messung fanden (wie z. B. die früheren „Tigerstaaten" in Südostasien).
- Diese Stagnation spiegelt sich dann auch im Konzentrationsmaß „Streuung der Auslandsaktivitäten" deutlich wider, abgesehen von einem für 1995 abfallenden Wert.

Das Resultat, das sich aus der zusammenfassenden Betrachtung aller Indikatoren ergibt, steht in ziemlichem Gegensatz zur öffentlichen Diskussion: Während allgemein von einer dramatischen Zunahme der (wirtschaftlichen) Globalisierung gesprochen wird, steigt nach diesen Indikatoren der Globalisierungsgrad der deutschen Wirtschaft keineswegs massiv an.

Ist daraus aber nun zu folgern, daß die ganze Globalisierungsdiskussion eine einzige Schimäre ist? Eher ist dahinter ein statistisches Paradoxon zu vermuten. Denn die Anwendung dieser Globalisierungsindikatoren auf der Mikroebene zeigt, daß sie durchaus signifikante Steigerungen aufweisen – insbesondere eine Substitution der Exporte durch Auslandsproduktion. Auf der Mikroebene ist, vor allem bei Großunternehmen, die fortschreitende Globalisierung meßbar, auf der Makroebene „kollabieren" die Ergebnisse jedoch – ein Phänomen, für das es bis jetzt noch keine überzeugende Erklärung gibt.

Darüber hinaus sind in den dargestellten Globalisierungsmaßen auch nur wirtschaftliche Faktoren berücksichtigt. Globalisierung ist jedoch ein Phänomen, das über den engeren ökonomischen Bereich hinausgeht. Deshalb sollen im folgenden die verschiedenen, auch nicht-ökonomischen Aspekte der Globalisierung kurz dargestellt werden.

2.2 Das „Neue" an der Globalisierung

Was ist nun das spezifisch Neue, das es erlaubt, von der Globalisierung als etwas wirklich Neuem zu sprechen, das einen Trendbruch mit bisherigen Entwicklungen darstellt? Globalisierung ist eine neue Art des Wandels, eine „veränderte Veränderung", bei der mehrere Charakteristika auszumachen sind. Grundlegend ist dabei die Prämisse, daß Globalisierung heute mehr Faktoren umfaßt als in früheren Entwicklungsstadien. Dabei muß man sich auch vor Augen halten, daß es nicht nur ökonomische Strukturen sind, die von der Globalisierung betroffen werden, sondern ebenso das gesamte soziale und institutionelle Gefüge unserer Gesellschaft. Versucht man diese Phänomene analytisch zu fassen, dann lassen sich sechs zentrale Charakteristika anführen, die für die Globalisierung kennzeichnend sind:[2]

- *Entgrenzung*: Durchlässigkeit/Auflösung von Grenzen in vielen Bereichen;
- *Heterarchie*: wechselseitige, aber asymmetrische Abhängigkeiten anstelle eindeutiger Über- und Unterordnungsverhältnisse;
- *Faktormobilität*: hohe Mobilität der Produktionsfaktoren Kapital und Wissen;
- *Legitimitätserosion*: Verantwortlichkeiten können nicht mehr klar zugeordnet werden;
- *Vergangenheits-Zukunfts-Asymmetrie*: Wandel vollzieht sich diskontinuierlich; Zukunft ist nicht mehr bloße Trendextrapolation;
- *Vielfalt der Optionen*: Ambivalenzen prägen das Entscheidungsumfeld; rascher Wandel läßt alte Sicherheiten schwinden.

Das zentrale Charakteristikum ist hierbei das Phänomen der Entgrenzung.

2.2.1 Entgrenzung

Grenzen sind ein zentrales Merkmal jeder Organisation; sie definieren, wer dazugehört und wer nicht und schaffen so Identitäten; im Falle von staatlichen Grenzen legen sie fest, wer den Gesetzen und Regulierungen eines Staates unterworfen ist und wer nicht; sie begrenzen Wirkungszusammenhänge auf Räume oder Märkte und machen es so möglich, Verantwortlichkeiten klar zuzuordnen.

Zentrales Kennzeichen der Globalisierung ist es, daß die bisherigen Grenzen verschwimmen. Dabei sind sowohl Grenzen zwischen Staaten gemeint als auch Grenzen innerhalb von Gesellschaften sowie Grenzen zwischen Wirtschaftseinheiten. Entscheidend für viele Probleme im Zusammenhang mit der Globalisie-

---

[2] Die folgenden Überlegungen finden sich in einer ausführlicheren Fassung in: Steger, U. (Hrsg.): Wirkmuster der Globalisierung: Nichts geht mehr, aber alles geht. Bericht des Ladenburger Kollegs „Globalisierung verstehen und gestalten". Ladenburg: Gottlieb Daimler- und Karl Benz-Stiftung 1998.

rung ist dabei, daß diese Entgrenzung in den verschiedenen Sphären mit sehr unterschiedlicher Geschwindigkeit abläuft.

- Am wenigsten fortgeschritten ist die Auflösung der Grenzen in der Politik bzw. zwischen den Staaten. Allerdings sind auch diese mittlerweile durchlässiger geworden: Durch Vereinbarungen, internationale Verträge und zwischenstaatliche Abkommen werden Kompetenzen an inter- oder – im Falle der EU – supranationale Gremien abgetreten. Auf der anderen Seite haben die Nationalstaaten – quasi als Gegenbewegung zur Globalisierung – nach wie vor bzw. wieder verstärkt die Wanderungsbewegungen der Menschen kontrolliert und beschränkt. Hier war das Europa des späten 19. Jahrhunderts wesentlich liberaler. Im Gegensatz dazu versuchen die heutigen Nationalstaaten sich gegen zu große Einwanderungen zu schützen, um ihre kulturelle oder ethnische Homogenität zu erhalten. Lediglich im Falle der Wanderung von Eliten – sei es in Sport, Wirtschaft oder Kultur – wird die internationale Mobilität auch von den Staaten nicht als Problem angesehen.
- In verstärktem Maße lösen sich Grenzen in Gesellschaft und Kultur auf: Seit Mitte der 80er Jahre wird dafür der Begriff der „Individualisierung“ verwendet. Die Biographie eines Menschen wird danach immer weniger durch die Zugehörigkeit zu bestimmten religiösen, sozialen oder kulturellen Gruppen definiert – ebensowenig wie die Werte, die ihn prägen sowie die Chancen und Risiken, die jeder selbst erlebt und wahrnimmt. Diese sind buchstäblich „grenzenlos“. Gerade die kulturelle Entgrenzung dürfte die weitreichendsten Effekte der Globalisierung auslösen, weil sie die Individuen unmittelbar in ihrer Identität trifft. Der „flexible Mensch“ (so der Titel eines Buches des amerikanischen Soziologen Richard Sennett), wie er durch die Globalisierung immer mehr zur Regel wird, hat zunehmend Schwierigkeiten, seinem Leben eine bestimmte Linie oder eine Geschichte zu geben. Er besteht vielmehr aus zahlreichen Fragmenten, die in der Wahrnehmung vieler kein Ganzes mehr ergeben.
- Ebenso ist der technische und industrielle Fortschritt ein Mittel der Entgrenzung: Die technische Entwicklung hat dazu geführt, daß die Wirkungen des eigenen Handelns sehr viel weiterreichend sein können als früher. Damit einher geht zwar in der Regel ein größeres Maß an Wissen und Information, die ja, wie schon gesagt, sehr kostengünstig zur Verfügung stehen, aber dieses vermehrte Wissen führt nicht zwingend zu einer Vergrößerung der Transparenz. Denn die Wirkungsketten, über die das eigene Handeln die Situation in anderen Teilen der Welt beeinflußt, werden immer schwieriger zu verstehen.
- Die zweifellos ausgeprägteste Entgrenzung findet in der Wirtschaft statt. Sie zeigt sich in der Liberalisierung und Ausweitung des Welthandels, der Integration der Kapitalmärkte, der weltweiten Verfügbarkeit von Information und der Aufspaltung der unternehmerischen Wertschöpfungskette auf weltweit verteilte Aktivitäten.

Das Merkmal der Entgrenzung ist das zentrale Kennzeichen der Globalisierung und begründet im wesentlichen auch die anderen Merkmale, die im folgenden herausgearbeitet werden. Dabei ist die unterschiedliche Geschwindigkeit, mit der die Globalisierung in den einzelnen Bereichen abläuft, eine Ursache für die vielen Konflikte und Probleme, die im Zusammenhang mit der Globalisierung auftauchen und von den Menschen erlebt werden. Denn diese Auflösung von Begrenzungen ist zugleich eine der Ursachen für die oft beklagte „neue Unübersichtlichkeit“ (Jürgen Habermas). Gibt es weniger Grenzen, dann gibt es damit auch weniger klare Strukturen und Zuständigkeiten. Die Entgrenzung führt zu einer Vielzahl von Strukturen und Entscheidungsträgern, die sich gegenseitig überlappen und z.T. miteinander in Konkurrenz stehen.

2.2.2 Heterarchie

Wesentlich für das Verständnis der Globalisierung ist die Tatsache, daß es bei diesem Prozeß kein „Grand Design“ in dem Sinne gibt, daß der Ablauf des Globalisierungsprozesses ursächlich einem oder mehreren Unternehmen (oder anderen Akteuren) zugeschrieben werden darf. Damit ist nicht gesagt, daß Globalisierung eine Naturgewalt ist, die unabhängig von menschlichem Handeln und menschlichen Entscheidungen abläuft, sondern daß es keine zentrale Instanz gibt, die sie steuert, und keinen zentralen Plan, nach dem sie abläuft. Natürlich beeinflussen und prägen die individuellen Entscheidungen der Wirtschaftsakteure den Globalisierungsprozeß, aber diese Entscheidungen werden nicht nach einem einheitlichen Plan getroffen, sondern sind selbst oft Reaktion auf Umweltveränderungen und Entscheidungen anderer Wirtschaftssubjekte. Der „New Industrial State“, den der Wirtschaftswissenschaftler John Kenneth Galbraith in den siebziger Jahren in seinem gleichnamigen Buch beschrieb und in dem die Entwicklung seiner Ansicht nach durch wenige technokratische Managereliten in Großunternehmen bestimmt wird, dürfte heute weniger denn je zutreffen. Globalisierung ist, mit den Worten des Ökonomen Friedrich August von Hayek (der sich hierbei auf den schottischen Moralphilosophen Adam Ferguson bezog), das Resultat menschlichen Handelns, aber nicht menschlichen Entwurfs. Selbst wenn man, wie das einige Beobachter tun, die Ursache für die Globalisierung einzig und allein in den politischen Entscheidungen der Deregulierung von Waren- und Kapitalverkehr sieht, so kann man daraus nicht umgekehrt schließen, daß eine einfache Rücknahme dieser Deregulierungen möglich wäre oder damit der gesamte Globalisierungsprozeß rückgängig gemacht werden könnte.

Die Konsequenz aus derartigen Entwicklungsmustern ist, daß kaum einer der beteiligten Akteure ohne Unterstützung anderer bzw. in Koordination mit anderen seine Ziele erreichen kann. Dies führt dazu, daß hierarchische Organisationen, die auf klaren Zuständigkeiten sowie Über- und Unterordnungsverhältnissen basieren, immer weniger in der Lage sind, die ihnen gestellten Probleme zu lösen. Hierarchische Organisationen wie z. B. Kirche, Gewerkschaften oder Parteien verlieren an Einfluß. Da Hierarchien aber immer zugleich auch klare Grenzen festlegen, ist der Bedeutungsverlust von Hierarchien auch eine Form der Entgrenzung.

An die Stelle von Hierarchien treten vermehrt sog. „heterarchische“ Koordinationsformen. In ihnen dominieren wechselseitige, wenn auch oft asymmetrische Abhängigkeiten zwischen den Beteiligten. Dies gilt sowohl für Unternehmen als auch für Staaten und jeden einzelnen.

Unternehmen sind immer mehr darauf angewiesen, technische Entwicklungen mit anderen Unternehmen gemeinsam durchzuführen, Standards zu definieren und Partnerschaften mit staatlichen Institutionen einzugehen. Darüber hinaus macht die schon beschriebene internationale bzw. globale Aufspaltung der Wertschöpfungskette andere Formen der Koordination erforderlich. Eine hierarchische Organisation erweist sich hier in vielen Fällen als kontraproduktiv; sie muß oft durch die „heterarchische“ Koordination zwischen Unternehmensteilen mit weitgehender Autonomie ersetzt werden, die sich in enger Interaktion abstimmen müssen. Dies wird besonders dann erforderlich, wenn in transnationalen Unternehmen verschiedene „Kulturen“ aufeinandertreffen, die nicht so ohne weiteres durch strikte Vorgaben „von oben“ unter einen Hut gebracht werden können. Die Verwischung interner Unternehmensgrenzen setzt sich auch an den externen Grenzen eines Unternehmens fort: Es entstehen strategische Allianzen zwischen – auch konkurrierenden – Unternehmen zur Durchführung von Produktentwicklungen bis hin zu „virtuellen Unternehmen“: Bei dieser Organisationsform arbeiten rechtlich und wirtschaftlich selbständige Partner zeitlich befristet zusammen; das „Unternehmen“ ist ein lockerer Zusammenschluß unabhängiger Einheiten. Traditionelle Grenzen eines Unternehmens verlieren an Eindeutigkeit; es ist nur noch schwer festzustellen, wo in einem virtuellen Unternehmen der unmittelbare Verfügungsbereich eines Unternehmens endet und der eines anderen Unternehmens beginnt.

Staaten sind, auch wenn sie, wie die USA, eine dominante Stellung in der Welt haben, für die Durchsetzung ihrer Interessen immer mehr auf die Kooperation und Koordination mit anderen Ländern angewiesen. Dies gilt nicht nur für die Felder der klassischen Außenpolitik, sondern immer stärker auch für Wirtschafts- und Umweltpolitik. Deshalb gehen auch Staaten „strategische Allianzen“ mit anderen Ländern ein und schaffen permanente Foren der internationalen Absprache: unregelmäßige Konferenzen zur politischen Abstimmung (wie z. B. die Gipfeltreffen der sieben wichtigsten Industrieländer plus Rußland, die sog. G-8-Gipfel) bis hin zu Konferenzserien zur Festlegung internationaler Verträge etwa im Umweltschutz oder zur Rüstungskontrolle. Hinzu kommen die zahlreichen zwischenstaatlichen Organisationen, die auf Dauer ein bestimmtes internationales Politikfeld regulieren sollen: Die WTO ist dafür ein wichtiges Beispiel, oder auch die Europäische Union.

Auch jeder einzelne kann sich immer weniger auf die Stabilität von Hierarchien verlassen und auf die „richtigen“ Anordnungen von oben, sondern muß sich in immer stärkerem Maße sich mit anderen koordinieren und kooperieren. Dabei ist er weitgehend allein gelassen, eine sichere Führung durch starke Institutionen verliert zunehmend an Bedeutung.

2.2.3 Faktormobilität

Folge wie Kennzeichen der Entgrenzung ist nicht nur ein verstärkter internationaler Handel mit Gütern und Dienstleistungen, sondern auch eine größere internationale Mobilität der Produktionsfaktoren. Auch hier ist allerdings wieder ein sehr unterschiedliches Ausmaß im Grad der Globalisierung festzustellen. Die größte Mobilität zeigt sich beim Produktionsfaktor Kapital: Die verbesserte Verfügbarkeit von Renditeinformationen und die verringerten Transaktionskosten für internationale Transfers – ermöglicht durch Informations- und Kommunikationstechnik – haben zu einer verstärkten Homogenisierung der weltweiten Kapitalmärkte geführt: Auf dem amerikanischen Kapitalmarkt läßt sich eine Rendite von 15 % erzielen – ein Wert, der für andere Märkte Richtschnur und Vorgabe darstellt, wenn sie für Kapital attraktiv sein wollen. Ebenso ist Wissen und Information zu einem global verfügbaren Produktionsfaktor geworden. Der Transfer von Informationen ist heute zu sehr geringen Kosten möglich; gleichartige Produktionsstandards und -techniken können an den verschiedensten Orten zugleich eingesetzt werden – und für multinationale Unternehmen, die sich entsprechenden Anforderungen ihrer Kunden ausgesetzt sehen, ist das zu einer Notwendigkeit geworden.

Jedoch hat die Mobilität von Wissen auch ihre Grenzen. Oft erfordert der Einsatz neuer Techniken persönliche Anleitung und Schulung, die nicht einfach über Bücher oder sonstige Informationsmedien vermittelt werden kann. Damit ist zugleich aber auch eine wichtige Grenze der internationalen Mobilität von Produktionsfaktoren aufgezeigt: denn die Arbeitskräfte sind noch keineswegs so mobil wie das Kapital. Hier gibt es allerdings auch Unterschiede zwischen einzelnen Gruppen auf dem Arbeitsmarkt: Denn international mobil ist nur eine kleine Gruppe von Managern, Wissenschaftlern, Sportlern und Künstlern. Unter den „normalen“ Arbeitskräften ist die Mobilität wesentlich geringer; hier ist sie oft schon nicht einmal regional gegeben, geschweige denn international.

Dieser unterschiedliche Grad an Mobilität der Produktionsfaktoren ist wiederum wesentlich mitentscheidend dafür, daß die Globalisierung Probleme bereitet. Mobile Produktionsfaktoren wie Kapital und hochqualifizierte Arbeit gehören zu den Gewinnern der Globalisierung, unqualifizierte Arbeitskräfte verlieren eher.

Die hohe Mobilität von Kapital macht es für Wirtschaftsregionen bzw. Staaten zu einer Notwendigkeit, attraktive Bedingungen für diesen Produktionsfaktor zu schaffen; daher hat auch zwischen den Regierungen ein Wettbewerb um möglichst günstige Bedingungen der Kapitalverwertung eingesetzt. Umgekehrt ist es für Staaten und Regionen angesichts der Mobilität des Faktors Kapital schwierig geworden, diesem nennenswerte Lasten etwa zur Erhaltung der sozialen Systeme aufzuerlegen. Die Unterschiede in der (rechtlichen oder faktischen) Besteuerung von Kapital und Arbeit liefern dafür die beste Illustration.

2.2.4 Legitimitätserosion

Zentrale Bedingung dafür, daß in einer Gesellschaft (oder auch nur in einer Organisation) friedliche Zustände herrschen, ist die allgemeine Akzeptanz der Verteilung von Macht und Entscheidungsgewalt sowie der Ergebnisse, die durch sie hervorgebracht werden: die Anerkennung der staatlichen Beschlüsse, die Akzeptanz von Entscheidungen der Unternehmensführung etc. Damit dies gewährleistet ist, ist es wiederum erforderlich, daß den Entscheidungsträgern klare Verantwortlichkeiten zugeordnet werden können, für die sie einstehen müssen. Andererseits müssen relativ klare und durchschaubare Ursache-Wirkungs-Beziehungen bestehen, um die Verantwortlichen für Fehler zur Rechenschaft ziehen zu können. Genau dieser Faktor ist jedoch im Zuge der Globalisierung nicht mehr gewährleistet.

Die Entgrenzung, die als zentrales Kennzeichen der Globalisierung herausgearbeitet wurde, führt dazu, daß sich Verantwortlichkeiten immer schwerer zurechnen lassen bzw. daß die Ursachen von bestimmten Effekten weniger klar zugerechnet werden können. Umgekehrt werden im Zuge der Globalisierung die Menschen immer öfter von Ereignissen beeinflußt, deren Verantwortliche ganz woanders zu suchen sind bzw. die nicht haftbar gemacht werden können. Beispiele dafür lassen sich etwa auf dem Feld der Umweltverschmutzung finden: Die Benutzung von FCKW in den nördlichen Ländern läßt Menschen am anderen Ende der Welt unter Hautkrebs leiden; die Ursache für eine Allergie kann in schädlichen Produktionsmethoden zu suchen sein, die in anderen Ländern verwendet werden, aber kaum eindeutig als Ursache zu identifizieren sind. Sind derartige Ursache-Wirkungs-Beziehungen aber nicht mehr klar, so ist für Probleme auch kein eindeutiger Verantwortlicher mehr auszumachen, der zur Rechenschaft gezogen werden könnte.

Umgekehrt heißt das aber auch, daß in das Handlungsfeld jedes Akteurs so viele verschiedene Faktoren einwirken, daß es für einen einzelnen unmöglich wird (oder zumindest werden kann), die Aufgaben zu erfüllen, die ihm aufgegeben worden sind und für die er mit einer gewissen Macht versehen worden ist. Dies ist sowohl bei Unternehmen als auch bei Staaten zu spüren.

Globalisiert etwa ein Unternehmen seine Wertschöpfungskette, so heißt das, daß Rationalisierungsanstrengungen einzelner Unternehmenseinheiten nicht mehr unbedingt die Erhaltung dieser Einheit bzw. des Standortes und der Arbeitsplätze gewährleisten. Derartige Anstrengungen werden aber in der Regel nur dann von Mitarbeitern und Gewerkschaften akzeptiert, wenn deshalb lokale Betriebsstätten aufrecht erhalten werden. Ist das aufgrund der globalen Kalküle nicht mehr der Fall, kann das die Loyalität der Beschäftigten und die Legitimität der Unternehmensentscheidungen bedrohen.

Nationalstaaten haben unter anderem die Aufgabe, für innere und äußere Sicherheit ihrer Bürger, eine ausgeglichene Wirtschaftsentwicklung zu gewährleisten sowie ein gewisses Maß an sozialem Ausgleich herzustellen. Insbesondere was die innere Sicherheit sowie die Wirtschaftsentwicklung und den sozialen Ausgleich betrifft, arbeitet der Staat mit Gesetzen und Verordnungen, die jedoch naturgemäß nur innerhalb seiner Staatsgrenzen gelten. Umgekehrt beeinflussen so viele andere Faktoren die Erfüllung dieser Aufgaben – Mobilität des Kapitals, weltwirtschaftliche Entwicklungen etc. –, daß der Nationalstaat stark an Einfluß verloren hat und nicht mehr eine autonome Wirtschaftspolitik ohne Rücksicht auf internationale Gegebenheiten formulieren kann; in vielen Bereichen büßt er seine Steuerungsfähigkeit ein. Dieser Sachverhalt kann zu Krisen in der Anerkennung demokratischer Systeme führen. Betroffene haben meist nur Staaten und ihre Repräsentanten als Ansprechpartner; diese können aber oft nur unzureichend auf Globalisierungsphänomene reagieren bzw. ihre Dynamik beeinflussen. Enttäuschungen sind die Folge.

Auch auf der individuellen Ebene ist eine Klassifizierung nach „Tätern“ und „Opfern“ immer schwerer möglich. Ein Wirtschaftssubjekt kann etwa zugleich Konsument sein, der das günstige Angebot eines ausländischen Anbieters schätzt, und Arbeitnehmer, der sich als Angestellter eines inländischen Konkurrenzunternehmens von eben diesem Angebot bedroht fühlt.

2.2.5 Vergangenheits-Zukunfts-Asymmetrie

Die raschen Veränderungen, die im Zuge der Globalisierung auftreten, machen es immer schwieriger, zukünftige Entwicklungen aus der Vergangenheit zu extrapolieren. Die Berechenbarkeit von Trends nimmt in vielen Feldern ab, der Wandel beschleunigt sich ständig: im Verhalten von Konsumenten, im Aufkommen neuer Verfahren und Techniken, im Auftreten neuer Wettbewerber auf dem Weltmarkt, in der Produktentwicklung und auch im Entstehen und Vergehen von politischen Ideen und Management-Moden. Die Entwicklung kann unvorhersehbare Brüche aufweisen, deren Konsequenzen ebenfalls ungewiß sind.

Nicht nur für Unternehmen ist das eine ständige Herausforderung. Diese Ungewißheit und mangelnde Berechenbarkeit der Zukunft löst ebenfalls Ängste bei der Bevölkerung aus. Nicht jeder vermag damit zurechtzukommen, daß er seine individuelle Entwicklung nicht mehr verläßlich über einen längeren Zeitraum hinweg planen kann; andere mögen die ständige Möglichkeit und Herausforderung der Veränderung begrüßen.

2.2.6 Vielfalt der Optionen

Die zahlreichen Veränderungen und Entgrenzungen führen dazu, daß sich die Optionen und Chancen, aber auch die Risiken für jedes Individuum erhöhen. Doch diese Optionen haben auch ihre Schattenseiten: Zum einen verlaufen Biographien weniger geradlinig, sondern viel eher sprunghaft, diskontinuierlich. Denn die Vielfalt der Optionen erwächst ja gerade aus den Unsicherheiten und zahlreichen Neuentwicklungen. Da ist es für jeden erforderlich, Flexibilität zu zeigen, um sich den Veränderungen anpassen zu können. In der Forderung nach Flexibilisierung ist jedoch auch enthalten, daß stabile Ordnungsstrukturen zunehmend unmöglich werden. Diese Auflösung stabiler Strukturen läßt zu einem guten Teil Sicherheit für die Individuen schwinden und auch Orientierungsmöglichkeiten. Daraus kann sich leicht eine Überforderung ergeben, wenn der „flexible Mensch" (Richard Sennett) seinem Leben keine Richtung mehr zu geben vermag.

Zum anderen können die vielfältigen Optionen von den einzelnen nur in sehr unterschiedlichem Ausmaß wahrgenommen werden. Hochqualifizierte haben sehr viel größere Chancen, daß sich die vielfältigen Optionen für sie positiv auswirken. Arbeiter ohne besondere Ausbildung oder Qualifikationen werden eher zu den Verlierern der Globalisierung zählen, auch weil sie mit dem Wegfallen von Hierarchien und Organisationsstrukturen größere Schwierigkeiten haben. Hier zeigt sich, daß die Mittel und Ressourcen, über die ein Individuum verfügt, eine Schlüsselrolle dabei spielen, im welchem Umfang es die sich bietenden Optionen wahrnehmen kann. Als Ressourcen sind hier nicht nur das Vermögen, sondern auch die Ausbildung und die sozialen Kontakte eines Menschen anzusehen. Hier liegen die großen Gefahren einer Spaltung der Gesellschaft in neue Klassen.

Insbesondere die kollektive Identität der Gesellschaften kann bei einer weitergehenden Globalisierung bedroht sein: Das Nebeneinander verschiedenster Lebensstile und Kulturen in einem Land kann den Bezug zu nationalen oder regionalen Integrationseinheiten zwar faktisch an Bedeutung verlieren lassen, weil jedem die verschiedensten Optionen und Lebensstile offen stehen; damit kann jedoch eine Verunsicherung und eine Bedrohung der nationalen Wir-Identität einhergehen, da die Unterscheidung etwa zwischen deutsch und nicht-deutsch für die Masse der Bevölkerung zwar wichtig ist, aber immer schwieriger wird: Menschen mit türkischem Namen als Fußballspieler mit deutschem Paß, als Parlamentsabgeordnete, perfekt deutsch sprechende Jugendliche ohne deutsche Staatsbürgerschaft, deutschstämmige Aussiedler, die kaum deutsch sprechen – all das sind Beispiele dafür. Die Verunsicherung aber kann die Suche nach einer Identität in nationalen oder regionalen Räumen sogar noch verstärken: Der wieder auflebende Nationalismus kann als Folge davon verstanden werden.

2.3 Globalisierung und die zentralen Probleme der Gesellschaft

Die vorgenannten Charakteristika versuchen, auf einer eher abstrakten Ebene das Phänomen der Globalisierung analytisch zu fassen. Im folgenden sollen nun zur Illustration drei wesentliche Probleme bzw. Herausforderungen der westlichen Gesellschaften im allgemeinen und der Bundesrepublik im besonderen betrachtet werden: Arbeitslosigkeit, Alterssicherung und Umweltschutz. Dabei soll es im besonderen darum gehen, wie sich die Globalisierung auf diese drei Problemkreise auswirkt.

2.3.1 Arbeitslosigkeit

Nach wie vor ist die Arbeitslosigkeit das drängendste ökonomische und gesellschaftliche Problem in den OECD-Staaten im allgemeinen und in der Bundesrepublik im besonderen. Die Arbeitslosenquote betrug in Deutschland im Januar 1999 10,6 % und es ist noch nicht klar, ob sich bereits eine dauerhafte Verbesserung der Situation abzeichnet. Die Globalisierung und ihre Wirkmuster, die wir bisher analysiert haben, können die Arbeitslosigkeit auf mehrerlei Weisen beeinflussen, die im folgenden kurz betrachtet werden sollen.

2.3.1.1 Handel, Direktinvestitionen und Arbeitslosigkeit

Hier wäre zunächst an die Möglichkeit zu denken, daß Billigimporte aus Drittweltländern heimische Produkte und die zugehörigen Arbeitsplätze verdrängen.[3] Wie sollen Arbeiter aus Industrieländern mit Arbeitern aus Entwicklungsländern konkurrieren, die nur ein Zehntel des Lohnes verlangen, aber mit modernen Produktionsanlagen ausgestattet und daher ähnlich produktiv sind?

Allerdings zeigt sich, daß es keineswegs stimmt, daß die Arbeiter in Entwicklungs- und Schwellenländern zwar hoch produktiv sind, aber sehr niedrige Löhne erhalten. Ganz im Gegenteil ist der Zusammenhang zwischen Bezahlung und Produktivität außerordentlich stark. Gewiß finden sich viele Beispiele dafür, daß in einzelnen Unternehmen die Löhne und Produktivität auseinanderklaffen, aber das ist keine Überraschung: Die Löhne in einem Land richten sich nach dem allge-

[3] Vgl. zu den folgenden Ausführungen: Krugman, P.: Pop Internationalism. Cambridge (Mass.) London: MIT Press 1996; Krugman, P.: The Accidental Theorist and Other Dispatches from the Dismal Science. New York London: Norton 1998

meinen Produktivitätsniveau, nicht nach der Produktivität in einer einzelnen Fabrik. Des weiteren weist die Mehrzahl der Entwicklungs- bzw. Schwellenländer, die oft als Konkurrenten der Industrieländer angesehen werden, in ihrer Gesamtheit ein Leistungsbilanzdefizit auf, d. h. sie importieren mehr als sie exportieren. Von daher kann eine Bedrohung der Arbeitsplätze in den Industrieländern nicht kommen – jedenfalls nicht in dem Sinne, daß eine generelle De-Industrialisierung zu befürchten wäre. (Die *Struktur* der Arbeitsplätze kann sich hingegen sehr wohl ändern; darauf wird im folgenden Abschnitt 2.3.1.2 eingegangen.)

Schwieriger zu beurteilen ist die Frage, ob verstärkte Direktinvestitionen im Ausland, oder allgemeiner: ein Netto-Kapitalexport, das Problem der Arbeitslosigkeit verschlimmern können. Theoretisch könnte hier ein negativer Effekt möglich sein, der zum Verlust von Arbeitsplätzen führt und folgendermaßen aussieht: Kapital, das nicht im Inland, sondern im Ausland investiert wurde, steht im Inland nicht zur Verfügung. Wenn die Arbeiter in einem Land mit weniger Kapital, d. h. mit weniger Maschinen, auskommen müssen, dann sind sie weniger produktiv. Eine geringere Produktivität kann zu fallenden Löhnen führen; Sind die Löhne aufgrund der Gegebenheiten des Arbeitsmarktes nach unten nicht flexibel, kommt es zu Arbeitslosigkeit.

Allerdings ist der theoretische Gedankengang so nicht vollständig. Denn die Beschäftigungseffekte von Auslandsdirektinvestitionen müssen keineswegs zwingend negativ sein. Negativ sind sie, wenn sie, wie oben gesagt, Investitionen im Inland ersetzen oder zu fallenden Exporten oder steigenden Importen führen (weil z. B. die Produktion in das Land verlagert wird, in das man früher exportierte oder Güter, die früher im Inland produziert wurden, jetzt aus dem Ausland bezieht). Jedoch kann der Beschäftigungseffekt von Auslandsinvestitionen auch positiv sein: nämlich dann, wenn z. B. durch die Investition im Ausland dort zugleich eine neue Nachfrage etwa nach Halbfertigwaren oder Kapitalgütern (Maschinen etc.) entsteht und eine entsprechende Produktion im Inland angeregt wird. Insgesamt ist es schwierig, zu eindeutigen Aussagen bezüglich der Beschäftigungswirkung von Direktinvestitionen zu kommen.

Empirisch ist die theoretisch mögliche Gefahr ohnehin (einstweilen) als nicht sehr groß einzustufen. Von den gesamten Investitionen von USA, Westeuropa und Japan gingen nur wenige Prozent in die Entwicklungs- und Schwellenländer (1993, ein Spitzenjahr: 3 %). Hier sind kaum große Effekte zu erwarten.

2.3.1.2 Weltwirtschaftliche Integration und die Struktur des Arbeitsmarktes

Ein verstärkter Handel und eine verstärkte Integration eines Landes in die Weltwirtschaft kann jedoch die Struktur der Arbeitsplätze in einem Land verändern. Ein verstärkter Handel mit Entwicklungs- und Schwellenländern kann dazu führen, daß arbeitsintensive Güter vorwiegend in Schwellenländern gefertigt werden, während sich die entwickelten Länder auf kapital- und wissensintensive Güter spezialisieren. Die Folge wäre entweder eine Senkung der Löhne für einfache Arbeit oder steigende Arbeitslosigkeit unter Unqualifizierten. Tatsächlich kann man beides beobachten: steigende Einkommensungleichheit in den USA, und ein hoher Anteil unqualifizierter Arbeitsloser in den europäischen Ländern. Offen ist jedoch, inwieweit dafür Globalisierung und verstärkter Handel mit Drittwelt-Ländern verantwortlich zu machen sind; die Meinungen der Ökonomen darüber gehen auseinander.

Eine Mehrheit unter den Wirtschaftswissenschaftlern ist der Meinung, daß der Handel mit Entwicklungsländern nicht oder nur in sehr geringem Maße für die steigende Arbeitslosigkeit unter ungelernten Arbeitern (bzw. für deren sinkende Löhne) verantwortlich gemacht werden kann. Eine Studie für die USA kam zu dem Schluß, daß sowohl Industrien mit internationaler Konkurrenz als auch solche, die keinen internationalen Konkurrenten hatten, in gleichem Maße ihren Anteil an ungelernten Arbeitskräften verringert haben. Die Lohnentwicklung für ungelernte Arbeiter war in Industrien ohne Auslandskonkurrenz sogar noch schlechter. Die Mehrheit der Ökonomen schreibt die fallende Nachfrage nach ungelernter Arbeit und die dementsprechend schlechte Lohnentwicklung dem technischen Fortschritt zu.[4]

Dennoch gibt es ernstzunehmende Studien, die auf eine größere Bedeutung des Handels für Lohn- und Arbeitsmarktentwicklung hindeuten. Eine jüngst erschienene Studie[5] weist der internationalen Verflechtung insbesondere deshalb eine wichtige Rolle für die Entwicklung von Beschäftigung und Einkommensverteilung zu, weil sie die Verlagerung von Produktionsaktivitäten und die globale Aufspaltung der Wertschöpfungskette stärker ins Blickfeld nimmt. Ausgangspunkt ist die Feststellung, daß der internationale Handel mit Gütern im Verhältnis zum Bruttosozialprodukt zwar gerade erst wieder das Niveau von vor dem Ersten Weltkrieg erreicht hat, demgegenüber aber der Güterhandel im Verhältnis zur inländischen (Mehr-)Wertschöpfung im Güterbereich zum Teil drastisch zugenommen hat. Darin spiegelt sich die größere Bedeutung der Verlagerung von einzelnen Produktionsaktivitäten in das Ausland wider. Bei Berücksichtigung des internationalen Handels mit Zwischengütern erscheinen die Konsequenzen für verschiedene Segmente des Arbeitsmarktes gravierender: Produktionsaktivitäten, für die nur unqualifizierte Arbeit benötigt wird, deren Lohn in den Industrieländern relativ höher ist als in Entwicklungs- und Schwellenländern, wird tendenziell in diese Länder verlagert und schwächt dementsprechend die Position ungelernter Arbeitskräfte in den Industrieländern.

2.3.1.3 *Indirekte Wirkungen der Globalisierung auf den Arbeitsmarkt*

Ausgehend von diesen Studien zeigt sich ein eher indirekter Wirkmechanismus der Globalisierung, der das Arbeitslosigkeitsproblem verschärfen kann[6]: Zunächst wandelt sich das Verständnis des Arbeitsmarktes generell: Der relevante Arbeitsmarkt bezieht sich nicht mehr nur auf eine Stadt, eine Region oder einen Nationalstaat, sondern ist in weltweite Austauschbeziehungen eingebunden. Selbst wenn man eine gleichbleibende Mobilität der Humanressourcen unterstellt, so ist durch

[4] Vgl. dazu die Diskussion im Journal of Economic Perspectives (Bd. 9, Nr. 3, 1995) und im Economic Journal (Bd. 108, Nr. 450, 1998).

[5] Vgl. Feenstra, R. C.: Integration of Trade and Disintegration of Production in the Global Economy, Journal of Economic Perspectives 12 (4), 31–50 (1998).

[6] Vgl. dazu Rürup, B.: Wohlfahrtsstaatliche Politik in der globalisierten Informationsgesellschaft (FES-Analyse). Bonn: Friedrich-Ebert-Stiftung 1998.

die höhere Mobilität der Arbeitsergebnisse gerade im Dienstleistungssektor die Ausweitung der Suche nach benötigten Qualifikationen auf das weltweite Potential möglich.

Die (wirtschaftliche) Globalisierung zeigt sich weiterhin in einem gestiegenen Rationalisierungsdruck, auf den die Unternehmensleitungen reagieren müssen. Dieser Druck ergibt sich vor allem aus den gestiegenen Renditeforderungen der Kapitalanleger, insbesondere auch der institutionellen Investoren (Versicherungen, Pensionsfonds etc.). Ausgelöst wurde dieser Druck durch die globale Verfügbarkeit von Renditeinformationen, die verringerten Transaktions- und Transportkosten, integrierte Finanz- und Kapitalmärkte und die damit verbundene Steigerung der Kapitalmobilität. Hinzu kommen Handelsliberalisierungen, kürzere Produktlebenszyklen, die schnellere Verbreitung des technischen Fortschritts, die zu einem schärferen Wettbewerb geführt haben. Dies unterwirft die Unternehmen einem Druck, dem sie mit Lohnkürzungen, Verlagerung von Produktionsstätten oder den Einsatz von kapitalintensiven Produktionsfaktoren begegnen können. Globalisierung verstärkt somit den Strukturwandel, dem alle Industriegesellschaften unterworfen sind. Die Anpassungslasten dafür tragen vor allem die minderqualifizierten Arbeiter – via Lohnsenkungen oder Arbeitslosigkeit.

Der dadurch ausgelöste Wandel in der Arbeitswelt zeigt sich vor allem in der Erosion des Normalarbeitsverhältnisses. Hauptmerkmale eines Normalarbeitsverhältnisses waren und sind die dauerhafte Vollzeitbeschäftigung, die Sozialversicherungspflicht und ein unbefristetes Beschäftigungsverhältnis. Allerdings findet sich dieses Normalarbeitsverhältnis traditionell im Industriesektor, wohingegen seit einiger Zeit ein deutlicher Tertiärisierungstrend zu beobachten ist, d. h. eine steigende wirtschaftliche Bedeutung des Dienstleistungssektors, der auch zu einer Veränderung der Beschäftigtenstruktur geführt hat. So stieg die Zahl der Beschäftigten im Dienstleistungssektor zwischen 1970 und 1996 für die alte Bundesrepublik um 56%, wohingegen die Gesamtbeschäftigung insgesamt nur um 6% zunahm. Heute sind knapp 75% aller Arbeitskräfte mit Dienstleistungsaufgaben betraut. Im sekundären Sektor haben inzwischen fast 40% aller Arbeitsplätze Dienstleistungscharakter – seien es direkt der Produktion vor- oder nachgelagerte Aufgaben (wie Beschaffung, Verwaltung, Vertrieb oder Transport) oder mehr indirekt verbundene Tätigkeiten (wie Planung, Koordination, Forschung und Entwicklung oder Information). Schlägt man das Einstellen und Warten von Maschinen den Serviceaktivitäten zu, sind nur noch 18% der Erwerbstätigen mit der Güterproduktion befaßt.

Die gegenwärtige und zukünftige Dynamik im Dienstleistungsbereich liegt vor allem bei - im Vergleich zum Normalarbeitsverhältnis - noch atypisch genannten Arbeitsverhältnissen. Seit die zunehmende Erosion des Normalarbeitsverhältnisses vor etwa 10 bis 15 Jahren begann, treten Teilzeitarbeit, geringfügige Arbeitsverhältnisse, Werkvertragstätigkeiten (Scheinselbständigkeit), befristete Arbeitsverhältnisse und Leiharbeit verstärkt als vom Normalarbeitsverhältnis abweichende Beschäftigungsformen in Erscheinung. Gegenwärtig sind noch 60% der Beschäftigungsverhältnisse durch unbefristete Vollzeitbeschäftigung charakterisiert, und die Entwicklungsdynamik der neuen Beschäftigungsformen ist ungebrochen. So stieg der Anteil der abhängig Teilzeitbeschäftigten zwischen 1985 und 1996 von 11% auf 23% der Erwerbstätigen. Man ist sich weitgehend einig, daß neue Tätigkeitschancen in größerem Umfang zukünftig nur noch im Dienstleistungsbereich entstehen werden.

Zur Veränderung der Beschäftigtenstruktur kommt das Problem der dauerhaften Arbeitslosigkeit hinzu, das vor allem in dem hohen Anteil der Langzeitarbeitslosen zum Ausdruck kommt. Mit der Dauer der Arbeitslosigkeit geht in der Regel ein stetiger Verlust an Humankapital einher, was dazu führt, daß insbesondere die Langzeitarbeitslosen immer weniger wettbewerbsfähig werden und somit auch immer weniger Aussichten auf ein neues Beschäftigungsverhältnis haben. Die fehlende Übereinstimmung von fachlichen und örtlichen Charakteristika der vorhandenen freien Arbeitsplätze und jenen der Arbeitslosen führt in der Konsequenz zu einer steigenden, strukturell bedingten Sockelarbeitslosigkeit.

Vor dem Hintergrund der globalisierten Informationsgesellschaft ist zu erwarten, daß sich die Probleme der gering qualifizierten Arbeitnehmergruppen weiter verschärfen. Bisherige Fort- und Weiterbildungsmaßnahmen werden auch deshalb an ihre Grenzen stoßen, weil im Zuge des beschriebenen Strukturwandels die Berufsbilder immer schneller wechseln und in der Folge ein Arbeitnehmer im Laufe seines Erwerbslebens zunehmend mehrere Berufe ausüben wird.

Die Globalisierung spielt auch dann eine Rolle, wenn es um die Handlungsspielräume des Staates bei der Bekämpfung der Arbeitslosigkeit geht. Hier ist festzustellen, daß die Möglichkeiten des Nationalstaates zu expansiver Fiskalpolitik sehr zurückgegangen sind: Oft sind derartige Maßnahmen in einer Zunahme der Importe verpufft oder haben zu unerwünschten Reaktionen an den Kapital- und Devisenmärkten geführt. Auch die aktive Arbeitsmarktpolitik hat sich bei der Bekämpfung der Arbeitslosigkeit als nur begrenzt wirksam erwiesen. Als reine „Arbeitsbeschaffungsmaßnahme" ist sie zu teuer und hat bisher die Erwartungen enttäuscht. Die Koordination zwischen Staaten zur Bekämpfung der Arbeitslosigkeit wird daher im Zuge der Globalisierung immer bedeutender; hier zeigt sich wiederum die Bedeutung von heterarchischen Koordinationsformen, die die wechselseitige Abhängigkeit aller Staaten erkennen. Außerdem ist gerade beim Problem der Arbeitslosigkeit, die der Nationalstaat nicht ohne weiteres im Alleingang lösen kann, die Gefahr einer Legitimitätserosion politischer Systeme besonders brisant, wenn auf der einen Seite die Arbeitslosigkeit dauernd bestehen bleibt, auf der anderen Seite die Sozialsysteme an Finanzierungsgrenzen stoßen.

2.3.2 Alterssicherung

Die Sicherheit der Renten ist das zweite vieldiskutierte Problem westlicher Gesellschaften. Die Probleme, die insbesondere bei der umlagefinanzierten Rentenversicherung auftreten, sind schon seit längerem bekannt – auch schon vor der Debatte um die Auswirkungen der Globalisierung.

Allen Umlageverfahren machen vor allem zwei Entwicklungen zu schaffen: die Arbeitslosigkeit, die zu einer Erosion von Beitragszahlern geführt hat und das frühe Ausscheiden aus dem Arbeitsleben, die das Verhältnis von Beitragszahlern und Rentenempfängern ebenfalls verschlechtert. In der Zukunft wird vor allem die veränderte demographische Struktur der Bevölkerung eine Rolle spielen, bei der auf immer mehr alte Leute möglicherweise weniger arbeitende Beitragszahler kommen.

Diese beiden Faktoren waren und sind, wie gesagt, schon seit längerer Zeit ein Problem für die Aufrechterhaltung der Rentenversicherung und haben zunächst einmal nicht viel mit der Globalisierung zu tun. Die Globalisierung wirkt jedoch indirekt verschärfend auf die bestehenden Probleme der Alterssicherung, und zwar von zwei Seiten her: von seiten des Arbeitsmarktes und von seiten der Faktormobilität.

Auch wenn die direkte Verbindung zwischen Globalisierung und Arbeitslosigkeit unter Ökonomie noch umstritten ist, so ist doch offensichtlich, daß vor allem unqualifizierte Arbeiter vermehrt arbeitslos werden und so die Zahl der Beitragszahler noch weiter vermindern. Umgekehrt führen hohe Lohnnebenkosten, etwa in Gestalt von Rentenversicherungsbeiträgen, zu einer Verteuerung des Faktors Arbeit. Des weiteren kommt es bei erhöhtem Wettbewerbsdruck zu entsprechenden Reaktionen der Unternehmen hinsichtlich Kosteneinsparung: Investition in arbeitssparende Produktionsverfahren oder Verlagerung der Produktion an andere Standorte. Auf diese Weise kann auch ein Teufelskreis aus steigenden Beiträgen und noch weiter steigender Arbeitslosigkeit entstehen.

Die andere Bedrohung für die herkömmlichen Alterssicherungssysteme aufgrund der Globalisierung ergibt sich aus den Wanderungsmöglichkeiten von Produktionsfaktoren, insbesondere natürlich dem Kapital. Versuche, die Kosten für Alterssicherungssysteme anderen Faktoren anzulasten, kann zu entsprechenden Fluchtbewegungen führen – in Länder, die die entsprechenden Kostenbelastungen bereits reduziert haben oder solche Systeme gar nicht besitzen.

Aber auch die Arbeiter selbst haben natürlich die Möglichkeit zu Wanderungsbewegungen über die Grenzen hinweg. Zum Teil bestanden solche „Wanderungsmöglichkeiten" auch schon vorher, etwa durch die Aufnahme einer selbständigen Tätigkeit oder durch Abwanderung in die Schattenwirtschaft. Grundsätzlich besteht aber auch für den Faktor Arbeit, bei freiem Personenverkehr, die Möglichkeit, aus Ländern mit schlechten und teuren Rentenversicherungssystemen abzuwandern. Dies verschärft zusätzlich die demographischen Probleme. Momentan ist diese Gefahr noch nicht so akut, da Arbeit international nicht sehr mobil ist (im Gegensatz zum 19. Jahrhundert). Dies kann sich jedoch in Zukunft ändern. Gerade die jüngeren, qualifizierten und gut verdienenden Arbeitnehmer könnten dann die Chancen einer vergrößerten Faktormobilität wahrnehmen und die Probleme bestehender Umlageverfahren noch zusätzlich verschärfen.

Prinzipiell sind mehrere Varianten einer Reform denkbar: erstens eine Reform des herkömmlichen Umlageverfahrens; zweitens eine volle Umstellung des Umlageverfahrens auf ein privates Kapitaldeckungsverfahren, also der Übergang von einem intergenerationellen Umverteilungsverfahren auf ein Ansparverfahren, so daß jede Generation für die Sicherung ihrer eigenen Rente durch Kapitalbildung und entsprechende Veranlagung verantwortlich ist; das dritte Modell wäre eine Kombination der beiden ersten: ein staatliches Umlageverfahren wird durch ein privatwirtschaftliches Kapitaldeckungsverfahren ergänzt; ein viertes Modell wäre eine (steuerfinanzierte) Grundrente auf niedrigem Niveau.

2.3.3 Umweltschutz

Obwohl es nach wie vor viele gewichtige Umweltprobleme gibt, die lokalen und regionalen Charakter haben, sind die entscheidenden Probleme im Umweltschutz globaler Natur: der Treibhauseffekt, das Ozonloch, die Verschmutzung und Überfischung der Weltmeere etc. Hier zeigt sich die Entgrenzung in Form sehr komplexer internationaler Wirkungsketten besonders plastisch. Nicht alle Umweltprobleme, auch nicht die globalen, sind allerdings ursächlich dem Phänomen der Globalisierung zuzuschreiben. Oft wirkt auch hier die Globalisierung nur als zusätzlicher Katalysator: Wenn sich die weltweite Produktion erhöht, etwa durch das Hinzutreten neuer Wettbewerber, dann intensiviert das den Treibhauseffekt und andere Umweltprobleme, da – unter ansonsten gleichen Umständen – der Energieeinsatz und die Emissionen erhöht werden.

Andererseits kann die Globalisierung aber auch zu gegenläufigen Tendenzen führen: Durch den verstärkten Wettbewerbsdruck werden Ressourcen effizienter eingesetzt; Technologien mit höherem Wirkungsgrad können weltweiter Standard werden oder global tätige Unternehmen verpflichten sich – evtl. auf Druck von Umweltverbänden – dazu, weltweit die gleichen Standards zu verwenden; die Sensibilität für die weltweiten Konsequenzen der Umweltzerstörung in einzelnen Staaten wächst; der Strukturwandel zur Dienstleistungsgesellschaft senkt den Energieverbrauch pro Produkteinheit. Welcher dieser Effekte in der Realität überwiegt, wird unterschiedlich beurteilt.

Globalisierung kann jedoch einmal dann bedeutsam werden, wenn es darum geht, globale Umweltprobleme zu lösen. Hier ist zweifellos eine Zusammenarbeit von Staaten erforderlich. Auf der einen Seite ist oft schon aus wirtschaftlichen Gründen eine zwischenstaatliche Kooperation angezeigt: Die dadurch wachsende Kommunikation der beteiligten Länder verstärkt den Blick für gemeinsame Interessen und verbessert die Kooperationschancen bei der Lösung grenzüberschreitender oder globaler Umweltprobleme; ein Beispiel dafür sind die intensiver werdenden Diskussionen über die Berücksichtigung von Umweltbelangen im Rahmen der WTO. Globalisierung kann aber auf der anderen Seite auch eine vorsorgende staatliche Umweltpolitik erschweren, insbesondere dann, wenn Umweltauflagen zur Verringerung von Renditen führen. Denn jede Mark, die für den Umweltschutz ausgegeben wird, muß – bei konstanter Produktivität – entweder zu einer Verminderung der Reallöhne oder zu einer Verminderung der Kapitalrendite führen. Da Kapital der mobilere Produktionsfaktor ist, der entsprechenden Belastungen ausweichen kann, ergibt sich ein Zielkonflikt zwischen Reallöhnen und Umweltschutz. Umweltpolitik kann hier leicht zum negativen Standortfaktor werden; das mobile Kapital kann in Länder mit geringeren Auflagen wechseln. Ob daraus in jedem Falle ein internationales gegenseitiges Herunterkonkurrieren von Umweltstandards resultieren muß, ist damit noch nicht gesagt; negative Effekte durch die Umweltpolitik sind jedoch nicht ausgeschlossen.

Auch wenn sich aufgrund der Globalisierung verbesserte Möglichkeiten der internationalen Kooperation und Kommunikation ergeben, ist deshalb noch nicht mit adäquaten Umweltschutzlösungen zu rechnen. Dies liegt am Anreiz zum sog. Trittbrettfahrer-Verhalten: Jeder Staat hat einen Anreiz, seine eigenen Umweltschutzanstrengungen zu vermindern bzw. seine Emissionen zu erhöhen. Wenn alle anderen Staaten ihre Umweltschutzmaßnahmen vergrößern, profitiert dieser Staat von der verbesserten Umweltqualität, ohne dafür Aufwendungen leisten zu müssen: er betätigt sich als „free-rider" (Trittbrettfahrer). Umgekehrt wird ein Staat auch nicht im Alleingang seine Emissionen vermindern, da zumindest im Falle der CO_2-Emissionen eine rein nationale Verminderung kaum einen Einfluß auf den Treibhauseffekt hat. Solange es keine verbindliche internationale Instanz gibt, die die Umweltschutzanstrengungen der Staaten überwachen und diese gegebenenfalls mit Sanktionen belegen kann, bleibt der Anreiz, sich als Trittbrettfahrer zu verhalten, bestehen.

Darüber hinaus kann der Anreiz für Staaten, ihre Umweltstandards zu senken, auch daher rühren, daß sie auf diese Weise Kapital in ihr Land ziehen können, die den andernorts herrschenden strengeren Standards ausweichen möchten – wenngleich die empirische Evidenz für Wanderungsbewegungen von Firmen aufgrund unterschiedlicher Umweltstandards eher gering ist. Damit reproduziert sich auf weltweiter Ebene der aus nationalen Umweltproblemen bekannte Sachverhalt, daß politische Rahmenbedingungen notwendig sind, um zu verhindern, daß umweltfreundliche Nationalstaaten benachteiligt werden. Am ehesten haben Umweltabkommen eine Chance, wenn sie in andere Abkommen, die für die Staaten unmittelbar von Vorteil sind, integriert werden, wie z. B. allgemeine Handelsabkommen.

Szenarien der Globalisierung

3 Von Wirkmustern zu Szenarien – Optionen der Politik

Die ersten beiden Kapitel haben zweierlei gezeigt: Zum einen ist mit der Globalisierung vieles im Umbruch begriffen. Es stellt sich die Frage, wie sich die entwikkelten Industrieländer in der neuen Dynamik der Weltwirtschaft einordnen werden. Auch geht es darum, in welchem Maße der bestehende Wohlfahrtsstaat weiterhin aufrechterhalten werden kann. Größere Ungleichheit, schnellere und weiterreichende Veränderungen, die durch die Integration der Märkte zumindest mitverursacht sind und durch sie in einem wesentlichen Umfang beschleunigt werden, sind die wesentlichen Herausforderungen. Es sind somit durchaus zentrale Bereiche der westlichen Gesellschaftsordnung auf dem Prüfstand.

Allerdings hat die obige Diskussion auch etwas anderes deutlich gemacht: Es ist noch Zeit zum Handeln, und es sind verschiedene Möglichkeiten offen. Keineswegs läuft die Globalisierung zwingend auf das eine oder das andere Handlungs- und Politikmuster hinaus. Ganz im Gegenteil hängt die weitere Entwicklung des Globalisierungsprozesses davon ab, wie seine weitere Gestaltung, insbesondere in politischer und rechtlicher Hinsicht, aussieht. Die aufgezeigten Wirkmuster weisen nicht in eine ganz eindeutige Richtung, sondern lassen verschiedene Gestaltungsoptionen offen.

Deutlich wurde anhand der Diskussion um die geläufigsten Themen und Thesen, die rund um die Globalisierung im Angebot sind, aber auch das Folgende: Die platten Schreckens- und Horrorszenarien, wie sie bisweilen gezeichnet werden, haben wenig faktische Grundlagen. Die Bedrohung durch mehrere hundert Millionen Chinesen, Inder und Osteuropäer, die durch billige Löhne eine massive Deindustrialisierung im Westen herbeiführen und die Märkte mit konkurrenzlos billigen Gütern überschwemmen, leben eher in der Phantasie einiger Wirtschaftsführer und Apokalyptiker, als daß sie real wären.

Dennoch aber dürfen gerade solche Befürchtungen und Ängste nicht auf die leichte Schulter genommen werden. Denn bei einem Phänomen wie der Globalisierung zählen nicht nur die bloßen Fakten, sondern auch ihre Wahrnehmung durch die Betroffenen. Denn da die bloßen Fakten keine eindeutige Sprache sprechen, ist ihre Filterung und Kommunikation durch und in verschiedenen Interessengruppen zentral für die Vorschläge, die angesichts der Globalisierung gemacht werden.

Insbesondere in Deutschland überwiegt eine negative Diskussion der Globalisierung. Dabei stellt sich jedoch, wie schon gesagt, rasch heraus, daß die Globalisierungsdebatte in Deutschland eine Neuauflage der Standort-Debatte darstellt, bei der die Globalisierung einfach ein neues Argument darstellt, um alte Forderungen zu unterstützen: Die Unternehmer fordern weniger Regulierung des Arbeitsmarktes, Abbau von Sozialleistungen, mehr Privatisierung etc. Gewerkschaften fordern auf, der Gefahr des ungezügelten Manchester-Kapitalismus zu begegnen, wie sie durch die Globalisierung wieder aufs Neue drohe usw. Diese gegenseitige Blokkade führt dazu, daß kaum über mögliche zukünftige Entwicklungen und notwendige Veränderungen gesprochen wird. Gerade dies aber wäre angesichts der Herausforderung notwendig.

Allerdings fehlt es auch an einem sinnvollen Rahmen, mit dem sich die möglichen Optionen diskutieren lassen. Dies soll mit Hilfe der im folgenden beschriebenen Szenarien geleistet werden.

Szenarien sind ein vor allem in Unternehmen gebräuchliches Instrument, um sich für mögliche zukünftige Entwicklungen zu sensibilisieren und die bestmöglichen Entscheidungen zu treffen. Dabei werden in der Regel Szenarien so geschaffen, daß man induktiv vorgeht: Ausgangspunkt sind einige in der Realität vorgefundene Sachverhalte und Triebkräfte, die als wesentlich für die weitere Entwicklung angesehen werden. Ausgehend von diesen Triebkräften werden dann verschiedene mögliche Verläufe der weiteren Entwicklung skizziert. Der Sinn von Szenarien liegt vor allem darin, sich von seinen Vorurteilen hinsichtlich künftiger Entwicklungen zu lösen und den Blick frei zu bekommen für verschiedene mögliche Entwicklungspfade. Szenarien sind gerade keine Extrapolation bestehender Trends, sondern sie versuchen für alternative und gleichermaßen plausible und denkbare Wege zu sensibilisieren. Es geht nicht darum, Konsens darüber herzustellen, welches Szenario das realistischste ist und deshalb aller Voraussicht nach eintritt, sondern auf die Weichen aufmerksam zu machen, die gestellt werden müssen, wenn der eine oder der andere Weg eingeschlagen werden soll. Szenarien sind also keine Prognosen.

In den Szenarien, die im folgenden vorgestellt und diskutiert werden, ist der Ausgangspunkt das Phänomen der Globalisierung und die in diesem Zusammenhang analysierten Wirkmuster. Diese Triebkräfte sind auch in jedem dieser drei Szenarien wirksam. Der Unterschied in den einzelnen Szenarien liegt darin, wie die Gesellschaft mit diesen Triebkräften und Wirkmustern umgeht und sie in eine gesellschaftlich erwünschte Richtung lenkt. Jedem der Szenarien liegt ein anderer dominanter Regelmechanismus zugrunde, nach dem die Transaktionen in Wirtschaft und Gesellschaft ablaufen.

Entsprechend werden die drei Szenarien folgendermaßen belegt:

- ein *marktradikales* Szenario, in dem die geläufigen Trends, die heute im Zusammenhang mit der Globalisierung genannt werden, zum (allein) bestimmenden Faktor werden: Markt- und Preismechanismus regeln nahezu alle gesellschaftlichen Vorgänge, der Staat bleibt auf die Setzung der Rahmenbedingungen und die Sicherung der marktlichen Koordination beschränkt – ein Szenario, das scheinbar zwingend in der Logik der Globalisierung liegt;
- ein *etatistisches* Szenario, das sehr viel stärker auf die Wirksamkeit der Politik setzt und nach wie vor dem Staat eine wesentliche Rolle bei der Gewährleistung einer gemeinwohlorientierten Entwicklung zumißt: Soziale Sicherung und Ausgleich sowie wirtschaftliche Stabilisierung durch staatliche (Geld- und Finanz-)Politik bleiben bedeutsam. Reformen sind angesichts der Globalisierung erforderlich, aber eine Zwangsläufigkeit hin zu laissez-faire wird nicht gesehen;

- ein *zivilgesellschaftliches* Szenario als „Dritter Weg" zwischen marktwirtschaftlicher und etatistischer Steuerung. Staat und Markt verlieren ihre alleinige Steuerungsmacht, dafür gewinnt die Zivilgesellschaft in Form freiwilliger Vereinigungen, Non-profit-Organisationen und Foren öffentlicher Verständigung zentrale Bedeutung.

Aus diesem knappen Aufriß der Szenarien ist bereits ersichtlich, daß sich in ihnen die drei zentralen Politikentwürfe der westlich-abendländischen Gesellschaften widerspiegeln, die auch ihre Entsprechung finden in den Idealen der Französischen Revolution: Freiheit – Gleichheit – Brüderlichkeit.

In einer marktradikalen Welt ist das Ideal der *Freiheit* der dominierende Faktor: Darunter fällt nicht nur die Freiheit der individuellen Selbstverwirklichung oder auch der Meinungsäußerungsfreiheit, sondern auch die Freiheit der wirtschaftlichen Betätigung auf dem Markt; und der Markt ist demzufolge, wie schon gesagt, der dominante Steuerungsmechanismus dieses Szenarios.

Die etatistische Welt orientiert sich demgegenüber stark am Ideal der *Gleichheit*; diese umfaßt die Gleichbehandlung vor dem Gesetz, die Chancengleichheit, aber auch eine (gewisse) Gleichheit im Ergebnis; um sie zu ermöglichen, ist der Staat zur Intervention aufgerufen. Hoheitliche Politik soll die Entwicklung in geregelte Bahnen lenken.

Ein zivilgesellschaftliches Szenario stellt das Ideal der *Brüderlichkeit* ins Zentrum – eine Idee, die allerdings nicht mit Konfliktfreiheit verwechselt werden darf. Vielmehr steht dahinter die Idee eines offenen Diskurses und der Zusammenschluß in Assoziationen jenseits der eher anonymen Steuerungsmechanismen Markt und Staat: Kleingruppen, Verbände, Freiwilligenorganisationen usw.

Die Szenarien bewegen sich daher auf einer sehr grundsätzlichen Ebene der Entwicklung und politischen Gestaltung; diese Grundsätzlichkeit ist dem Problem der Globalisierung aber auch angemessen. Denn Globalisierung ist, wie schon dargestellt, ein allumfassendes Phänomen, das nicht etwa nur an den Rändern der Gesellschaft zu kleineren Veränderungen führt, sondern eine grundlegende Herausforderung darstellt. Von daher muß auch ihre Bewältigung mit grundlegenden Ansätzen angegangen werden.

Die Ausführungen in den drei folgenden Kapiteln gliedern sich jeweils folgendermaßen:

In einer kurzen Einleitung wird eine Situation skizziert, wie sie sich für eine Person darstellen könnte, die im jeweiligen Szenario lebt; Namen und Orte sind dabei frei erfunden, es geht lediglich darum, einen relativ plastischen ersten Eindruck davon zu erhalten, wie sich das Leben im jeweiligen Szenario abspielt bzw. abspielen könnte.

Im ersten Abschnitt wird dann die Gesellschaft beschrieben, wie sie sich im jeweiligen Szenario entwickelt hat: in einer hypothetischen Reportage aus der Zukunft wird berichtet, wie die Entwicklung verlaufen ist, wie die Gesellschaft jetzt – im jeweiligen Szenario – aussieht und wie sie sich gegenüber heute verändert hat, welche Lösungen für gesellschaftliche Probleme gefunden worden sind etc. An einigen Stellen sind – in Kleindruck – verschiedene Beispiele eingestreut, die keine Erfindung sind, sondern heute schon bestehende Institutionen, Regelungen etc. darstellen. Sie sollen illustrieren, daß die Szenarien und die in ihnen beschriebenen Entwicklungen keine bloßen Luftschlösser sind, sondern in pointierter Form auf verschiedene relevante Trends hinweisen, die heute schon wirksam sind und die weitere Entwicklung der Gesellschaft in Zukunft bestimmen (können).

Im zweiten Abschnitt sollen die drei wichtigsten Akteure bzw. Akteursgruppen stärker ins Blickfeld genommen werden: Unternehmen, Staat und zivilgesellschaftliche Akteure (mit diesem Begriff sollen die oben erwähnten freiwilligen Vereinigungen, Non-profit-Organisationen und Foren öffentlicher Verständigung wie z. B. „runde Tische" zusammengefaßt werden). In jedem dieser drei Szenarien spielen diese drei Akteure bzw. Akteursgruppen eine Rolle, allerdings mit unterschiedlichen Aufgaben und Bedeutungen. Jeder Akteur muß innerhalb eines Szenarios versuchen, seine Anliegen und Interessen gegenüber anderen durchzusetzen. Daher ist die Frage in diesem Abschnitt: Welche Empfehlungen können einem Akteur gegeben werden, um sich innerhalb eines Szenarios „effizient" zu bewegen, d. h. seine Anliegen und Interessen durchsetzen zu können? Zum Teil werden diese Empfehlungen bereits in der Szenariendarstellung angedeutet; sie sollen in diesem Abschnitt genauer dargestellt und systematisiert werden.

Im dritten Abschnitt jedes Szenariokapitels soll schließlich kurz auf andere Literatur eingegangen werden, die zum Thema Globalisierung erschienen ist und die sich inhaltlich bzw. normativ mit dem dargestellten Szenario verknüpfen läßt. Dabei wird sich zeigen, daß viele Schriften, die die Globalisierung zum Thema haben, explizit oder implizit ein bestimmtes Szenario als positiven oder negativen (normativen) Hintergrund haben, vor dem sie argumentieren. Eine solche Einordnung der Literatur relativiert daher auch etwas den apodiktischen Charakter, den die meisten dieser Bücher haben. Damit wird der Blick frei für die Debatte, die angesichts der Globalisierung tatsächlich geführt werden muß und die nach wie vor verstellt wird durch die in schöner Regelmäßigkeit geführten Standort-Debatten: anstelle einer Debatte über die richtigen Maßnahmen und Instrumente zur Gestaltung der Globalisierung muß zunächst eine Debatte über die grundlegenden Werte und Ziele geführt werden, die angesichts der Globalisierung auf dem Spiel stehen und über die ein neuer gesellschaftlicher Konsens gefunden werden muß; erst dann ist die Diskussion über Instrumente und Maßnahmen am Platze. Einige Gedanken zu dieser Diskussion über Werte und Ziele finden sich dann im letzten Teil des Buches.

4 Das marktradikale Szenario

Montag, 6.30 Uhr: Harald S. sichtet in seinen E-Mails die Anfragen an seine kleine Consulting-Firma. Die Aufträge reichen von der Installation eines neuen EDV-Systems über Marktanalysen für die Lancierung eines neuen Versandhandels im Internet bis zur Beratung eines großen Brokers, der vor allem im Handel mit CO_2- und anderen Emissionslizenzen tätig ist. Harald sieht sich schon wieder durch die ganze Republik sowie durch Europa und in die USA fliegen, aber dafür läuft seine Firma auch gut. Das Angestelltendasein war ja inzwischen nicht weniger risikoreich geworden. Nach seinem Studium der Elektrotechnik und der Betriebswirtschaftslehre hatte er zunächst bei einem internationalen Software-Konzern eine Anstellung gefunden, aber die Umstrukturierung infolge einer Zerschlagung des Unternehmens brachte ihn wieder um seinen Posten. Auch seine zweite Stelle, die er vor allem wegen seiner Flexibilität und Umschulungsbereitschaft bekommen hatte – er mußte sich Qualifikationen im Informationstechnikbereich aneignen, die mit seiner früheren Stellung nur wenig zu tun hatten –, wurde bei einem großen Re-Engineering wegrationalisiert. Da die Unsicherheiten des Lebens im Angestelltendasein nicht befriedigend bewältigt werden konnten, beschloß er sich gleich selbständig zu machen.

Haralds Frau Carola P. entschied sich für Diversifikation, indem sie bei drei Unternehmen zugleich arbeitet, für jedes ca. zwei Tage die Woche – als Journalistin, als Lektorin bei einem englischen Verlag und als Designberaterin. Auf diese Weise konnte sie die kündigungsbedingten Einkommenseinbrüche etwas abmildern. Am heutigen Tag arbeitet sie als Lektorin; diese Tätigkeit kann sie zu Hause ausführen, so daß sie in dieser Zeit die Dienste der ebenso teuren wie professionell organisierten Child Care Services Ltd. zur Betreuung ihres zweijährigen Sohnes Oliver nicht in Anspruch zu nehmen braucht. Eine Karriere im althergebrachten Sinne machen Harald und Carola nicht mehr, aber sie nutzen dafür die vielfältigen Optionen, die sich aufgrund der gesellschaftlichen Reformen hin zu mehr Markt für sie eröffnet haben.

Während sich Carola die Manuskripte vom Londoner Server ihres Verlages herunterlädt, um sie zu bearbeiten, fährt Harald zum Flugplatz, um seinen ersten Kunden in Frankreich zu besuchen. Während der Fahrt telefoniert er auch mit seinem amerikanischen Anlageberater, um eine Umschichtung seiner Investmentfonds zu veranlassen. Da bei der Alterssicherung inzwischen jeder auf sich selbst gestellt ist, gilt es die Performance der eigenen Anlagen stets im Auge zu behalten. Außerdem weist er seine Bank an, den monatlichen Dauerauftrag für das Pflegeheim seiner Mutter zu erhöhen. Das Fachpersonal von Elderly's Peace Inc., ebenso wie die Kinderbetreuung eine Tochtergesellschaft der Cosy Services Corp., verschlingt ziemliche Summen.

Auf dem Flug nach Paris fällt Harald wieder die Einladung zum diesjährigen Klassentreffen seiner alten Schule in die Hände. Noch immer hat er sich nicht entschieden, ob er zusagen soll; denn es treffen dort immer ziemliche Extreme aufeinander. Obwohl alle seine Mitschülerinnen und Mitschüler aus ähnlichen sozialen Verhältnissen stammen, ist doch ihr Lebensweg sehr sprunghaft und unterschiedlich verlaufen. Manche haben es ganz nach oben geschafft, andere fristen als Taxifahrer eine kümmerliche Existenz. Und niemand kann sagen, wen es im nächsten Jahr nach oben oder nach unten verschlagen hat. Als Harald arbeitslos war, traute er sich kaum, das einzugestehen; im letzten Jahr, als seine Firma florierte, wußte er nicht recht, wie er seinem alten Kollegen Martin begegnen sollte, der nach der Pleite seines zunächst gutgehenden Unternehmens kaum weiß, wie er die nächste Rate für sein Haus aufbringen soll, das er noch zu besseren Zeiten geplant und gebaut hatte...

4.1 Die Gesellschaft im marktradikalen Szenario

4.1.1 Die marktradikale Welt im allgemeinen: Freie Bahn dem Tüchtigen

Öffnung der Märkte, Deregulierung, Liberalisierung, Privatisierung, internationale Verteilung der Wertschöpfungskette, Mobilität der Produktionsfaktoren. Diese Tendenzen, die ja bereits in der Vergangenheit aufgetreten sind und als wesentliche Merkmale der Entwicklung angesehen wurden, haben sich in der marktradikalen Welt weiter verstärkt. Für Transaktionen welcher Art auch immer spielen Grenzen keine Rolle mehr; dies gilt nicht nur für wirtschaftliche Transaktionen, auch für andere Tätigkeiten: Studenten schreiben sich an ausländischen Universitäten ein, verbleiben jedoch weitgehend in ihrem Heimatstaat und studieren über das Internet; Informationen werden ohnehin über dieses Medium gehandelt, und niemanden interessiert es, ob die Lösung für ein bestimmtes Problem aus den USA, Südkorea oder Argentinien kommt.

Die Schwierigkeiten einer ausgefeilten (national-)staatlichen Steuerung zeigten sich bereits, als die Globalisierungstendenzen noch nicht voll zum Durchbruch gekommen waren, mit ihrer fortschreitenden Intensivierung wurden diese Schwierigkeiten jedoch unübersehbar. Im marktradikalen Szenario wird deshalb aus diesen Schwierigkeiten die Konsequenz gezogen und der Forderung entsprochen, die mit zunehmender internationaler Verflechtung immer lauter erhoben worden sind – der Forderung, der Staat solle sich aus dem wirtschaftlichen und gesellschaftlichen Leben weitgehend zurückziehen und sich auf grundlegende Ordnungsfunktionen beschränken. Im marktradikalen Szenario wird kein Versuch unternommen, eine Regulierung der Globalisierungsprozesse auf internationaler Ebene durchzuführen – etwa durch Harmonisierung von Besteuerungsregeln oder durch internationale Sozialstandards. Derartige Versuche sind marktkonform und stören für die wirtschaftliche und gesellschaftliche Entwicklung, der im Zeitalter des weltweiten Wettbewerbs ohne Nachteile keine Beschränkungen auferlegt werden können.

Der Staat beschränkt sich nun im wesentlichen auf zwei Aufgaben: Er sorgt für die möglichst vollständige Definition und Durchsetzung der Eigentumsrechte und sichert durch ein entsprechendes Rechtssystem die (marktliche) Koordination und Steuerung der (Wirtschafts-)Aktivitäten. Die Steuern und Abgaben – soweit überhaupt noch vorhanden – dienen lediglich zur Alimentierung der staatlichen Funktionen, die zur Aufrechterhaltung des Marktsystems erforderlich sind; darüber hinaus haben sie ein sehr viel niedrigeres Niveau gegenüber früher.

Der früher sehr weitgehende Sozialstaat ist demgegenüber stark zurückgeschnitten worden, weil er nach allgemeiner Auffassung zu großen Teilen ineffizient und nicht mehr finanzierbar war. Insgesamt gilt für alle Bürger die Devise der vollständigen Eigenvorsorge für den Fall der Einkommensminderung durch Arbeitslosigkeit, Alter oder Krankheit (das alte System der gesetzlichen Krankenversicherung mit einkommensabhängigen Beiträgen wurde abgeschafft). Der Staat ist lediglich noch für absolute Armut und elementare Fürsorge zuständig und gewährt zur Linderung akuter Notlagen eine kleine Unterstützungszahlung.

Demgegenüber dominiert der Markt als Koordinationsinstrument alle anderen möglichen Mechanismen der Steuerung gesellschaftlicher Prozesse, sowohl den Staat und dessen hoheitliche Anordnungen als auch Mechanismen gesellschaftlicher Verständigung, gegenseitiger Unterstützung etc. Der Markt reguliert nun auch Bereiche, für die er noch bis vor kurzem als eigentlich unzuständig angesehen worden wäre: Auch die Bereiche („Märkte") Kindererziehung, Altenbetreuung und vieles andere mehr wird zu einem guten Teil von bezahlten Profis übernommen. Ebenso ist das Universitäts- und Bildungswesen vollständig privatisiert; zwar besteht noch eine Schulpflicht, aber notwendig wäre sie insofern nicht mehr, als ohnehin allgemein erkannt worden ist, daß Wissen und Können über den Erfolg in der marktradikalen Welt entscheiden: Ausbildung wird als Investition in das eigene Humankapital betrachtet; für diese Investition können die Menschen auch Kredite aufnehmen, die sie aus ihrem späteren Einkommen wieder zurückzahlen. Allerdings hat diese Auffassung von Bildung und Ausbildung als Investition auch dazu geführt, daß nur solche Wissensgebiete nachgefragt werden, die auch auf dem Markt verwertbar sind. Die Nachfrage nach eher „zweckfreien" Ausbildungsgängen ist spürbar zurückgegangen; die entsprechenden Fakultäten sind auf Mäzene und Gönner angewiesen, die Studentinnen und Studenten dieser Disziplinen rekrutieren sich vor allem aus gut betuchten Kreisen, die sich aufgrund ihrer Vermögensverhältnisse ein solches Studium leisten können.

Durch den Rückzug des Staates erlebt die Wirtschaftsfreiheit eine neue Blüte. Unternehmen sind in ihren Dispositionen nicht mehr durch regionale oder nationale Bindungen eingeschränkt, Kosten-, Qualitäts- und Produktivitätsüberlegungen geben den Ausschlag für Produktionsstandorte und -bedingungen. Damit einher geht ein verschärfter Wettbewerbs- und Anpassungsdruck für alle Wirtschaftssubjekte.

Diese „ökonomistische" Dominanz in der Gesellschaft spiegelt sich auch in den Haltungen und Ansichten der Menschen wider: Die Menschen orientieren sich vorwiegend an ihren Eigeninteressen – ohne deshalb andere bewußt schädigen zu wollen – und fühlen sich weniger zu Hilfeleistungen verpflichtet. Die Vorstellung ist, daß es durch die strikte Verfolgung der Eigeninteressen durch die „unsichtbare Hand" des Marktes zu einer größtmöglichen gesamtgesellschaftlichen Wohlfahrt kommt. Auch die einschlägigen karitativen Organisationen, die es nach wie vor gibt, haben erkannt, daß sie in dieser marktradikalen Welt neue Wege gehen müssen. Daher bieten sie auf der einen Seite ihren Mitarbeitern einträgliche Verdienstmöglichkeiten und verschaffen auf der anderen Seite ihren Spendern verschiedenste Möglichkeiten zu Imagewerbung und Reputationsgewinnen – nach dem Motto: „Tue Gutes und rede darüber".

Eine marktradikale Welt ist eine Gesellschaft, in der die Bande sozialer Verpflichtungen, althergebrachte Formen kollektiver Solidarität und auch Identität ersetzt werden durch das Prinzip der Freiwilligkeit und Eigenverantwortung. Dies führt deshalb auf der einen Seite zu einer sehr weitgehenden Eröffnung von Freiheitsspielräumen, die zumindest von den aktiven und leistungsbereiten Mitgliedern der Gesellschaft genutzt werden. Auch schreitet die wirtschaftliche Entwicklung dadurch rasch voran, der allgemeine Wohlstand steigt. Verbunden ist diese wirtschaftliche Entwicklung allerdings mit extremer Ungleichheit, deren Akzeptanz nicht immer gesichert ist; der Staat hat sich – abgesehen von einer elementaren Fürsorge – aus der Verantwortung für die Einkommensverteilung vollständig zurückgezogen. Auch für das Individuum zeigen sich diese beiden Seiten des marktradikalen Szenarios unmittelbar: auf der einen Seite können leistungsstarke und -bereite Bürger von den vielen Möglichkeiten und Optionen profitieren und sich einen hohen Lebensstandard aufbauen, diejenigen aber, die dazu nicht bereit oder in der Lage sind, fallen zurück und laufen Gefahr, sozial und wirtschaftlich deklassiert zu werden, sofern sie nicht entsprechende Vorsorge getroffen haben.

Dementsprechend kommt sich in den Kreisen der wirtschaftlich Benachteiligten immer wieder einmal zu Ausbrüchen von Kriminalität: Während sich z. B. leistungsstarke Jugendliche in einem innovativen Umfeld erfolgreich entwickeln werden, können Jugendliche mit geringem schulischen Bildungsniveau und ohne berufliche Ausbildung in Schwierigkeiten kommen. Insbesondere unter den 15- bis 25jährigen männlichen Jugendlichen der Großstädte besteht die Gefahr, daß kriminelle Formen des Einkommenserwerbs oder der Einkommensverbesserung gegenüber den unattraktiven Niedriglohnarbeitsplätzen sowie deren schlechten Aufstiegsaussichten an Attraktivität und Bedeutung zunehmen.

In der Politik versuchen radikale Parteien, die Ungleichheit und auch die ständige Unsicherheit zunutze zu machen und verfügen über einen gewissen Zulauf. Insbesondere in der breiten Mittelschicht kann sich ein Nährboden für reaktionäre, egoistische und zum Teil offen minderheitenfeindliche Stimmungen bilden, der populistischen Politikern eine Chance gibt.

Die marktradikale Welt ist eine Welt der Gesunden, Starken, Leistungsbereiten und Durchsetzungsfähigen, die bereit sind, ihr Leben unter das Primat der Ökonomie, der Effizienz und eines allgegenwärtigen Kosten-Nutzen-Kalküls zu stellen. Gesellschaftliche Leitbilder werden von diesen wirtschaftlich erfolgreichen Individuen bestimmt, die als Vorbilder dienen. Wirtschaftlicher Erfolg ist das zentrale Kriterium gesellschaftlicher Akzeptanz und Anerkennung.

Aber auch für diejenigen, die zu einem bestimmten Zeitpunkt zu den Gewinnern zählen, ist das nicht zwingend ein Dauerzustand. Denn der scharfe Wettbewerb bedroht einmal errungene Positionen ständig, jeder muß größtmögliche Flexibilität zeigen, um sich den immer von neuem ändernden Umständen anzupassen. Die Beschleunigung des sozialen Lebens und die Auflösung räumlicher und zeitlicher Bindungen machen dies erforderlich.

4.1.2
Arbeitslosigkeit, Alterssicherung und Umweltschutz

Die oben genannten grob skizzierten Charakteristika werden in der marktradikalen Welt auch für die Bewältigung der im zweiten Kapitel dargestellten zentralen Probleme verwendet: Der Markt gilt als entscheidendes Lösungsinstrument für Arbeitslosigkeit, Alterssicherung und Umweltschutz.

4.1.2.1
Arbeitslosigkeit: Deregulierung und freie Lohnvereinbarungen

Im marktradikalen Szenario hat sich die Überzeugung durchgesetzt, daß die Arbeitslosigkeit in den entwickelten Industrieländern in allererster Linie struktureller Art war und nicht durch Maßnahmen der Nachfragebelebung beseitigt werden konnte. Demzufolge spielen vor allem zahlreiche Rigiditäten auf dem Arbeitsmarkt eine entscheidende Rolle bei der Erklärung, warum die Arbeitslosigkeit so hartnäckig war. Rigide Löhne, zu großzügige Arbeitslosenunterstützungen und manch andere strukturelle Inflexibilitäten auf dem Arbeitsmarkt wie etwa zentrale Lohnverhandlungen mit Allgemeinverbindlichkeitserklärung trugen zur Verhärtung der Situation der Arbeitslosen bei.

Die Politik hat im marktradikalen Szenario die Konsequenz daraus gezogen und entscheidende Reformen eingeleitet, die zu einem völlig deregulierten, flexiblen und damit beschäftigungsfreundlichen Arbeitsmarkt führen sollten. Zum einen wurden alle Bestimmungen über Mindestlöhne und dergleichen abgeschafft. Die marktradikale Lösung zur Bekämpfung der Arbeitslosigkeit ist durch eine ständige Abstimmung von Angebot und Nachfrage zwischen den verschiedenen Marktteilnehmern auf dem Arbeitsmarkt gekennzeichnet. Es ist eine freie Vereinbarung über Struktur und Höhe von Entgelten möglich. Damit in Verbindung steht, daß die Politik keine Allgemeinverbindlichkeitserklärungen über Tarifverträge mehr abgibt. Zwar werden zumindest in einigen Branchen von Gewerkschaften und Arbeitgeberverbänden noch Tarifverträge ausgehandelt, weil für viele Unternehmen betriebliche Vereinbarungen mit Aufwand und relativ hohen Kosten verbunden sind, aber sie werden nicht mehr vom Staat für allgemeinverbindlich erklärt. Außerdem regeln sie nur noch allgemeine Rahmenrichtlinien, von denen die Betriebe bei Bedarf mehr oder weniger beliebig abweichen können. Der Effekt dieser neuen Bestimmungen ist eine recht große Differenzierung im Entgelt. Ebenso groß sind die Differenzierungen in den Arbeitsbedingungen, die in gleicher Weise frei vereinbart werden konnten. Beides, sowohl Höhe des Entgelts als auch die Arbeitsbedingungen hängen ganz wesentlich von der Qualifikation und der Knappheit der Arbeitskräfte ab. Hochqualifizierte Arbeitskräfte können bei entsprechender Nachfrage eine hohe Bezahlung und individuell bestimmbare Arbeitszeiten vereinbaren, schlechter qualifizierte Arbeitskräfte müssen z. T. starke Reallohneinbußen hinnehmen und haben wenig Gestaltungsmöglichkeiten bei der Bestimmung von Arbeitszeit, -ort und -bedingungen. Damit wachsen die Unterschiede zwischen Hoch- und Niedriglöhnen.

Die Auswirkungen einer solchen Politik lassen sich leicht festmachen: dieses System führt aufgrund seiner extremen Differenzierung in der Entlohnungsstruktur zu sehr starken Arbeits- und Leistungsanreizen, hat allerdings auch soziale

Spannungen zur Folge, da die Akzeptanz von sehr unterschiedlichen Bezahlungen nur begrenzt ist.

Die Maßnahmen verfehlen aber nicht ihre Wirkungen auf die Beschäftigung: Da mit der Deregulierung der Arbeitsmärkte und den dezentralen Lohnvereinbarungen alle ex- oder impliziten Mindestlohnbestimmungen wegfallen, können sich die Löhne sehr viel stärker an der Produktivität der Arbeitskräfte orientieren. Entsprechend steigt die Nachfrage nach Arbeit, die bisher aufgrund solcher Mindestlohnbestimmungen zu teuer war. Auch die starke Lockerung bzw. Aufhebung von Kündigungsschutzvorschriften wirkt in die gleiche Richtung. Zwar können die Unternehmen nun ihre Angestellten sehr viel einfacher entlassen, auf der anderen Seite sind damit aber die Hürden für eine Neueinstellung beträchtlich gesunken; die Unternehmen sind bei guter Auftragslage eher geneigt, Personal einzustellen, da sie wissen, daß sie es bei abflauender Konjunktur wieder entlassen können. Aus dem gleichen Grund verringern die sehr lockeren Kündigungsvorschriften auch die Hemmschwelle für neue Unternehmen, in den Markt einzutreten. Auch das weitgehende Zurückschneiden des Sozialstaates, der ja zu einem großen Teil mit lohnabhängigen Abgaben finanziert wurde, hat zu vermehrter Nachfrage nach Arbeit geführt: Die lohnabhängigen Beiträge in die Sozialversicherung hatten die Arbeitskosten für die Unternehmen ziemlich in die Höhe getrieben und ließen sie mit Neueinstellungen zurückhalten umgehen. Da derartige Beiträge nun weitgehend entfallen, sind für die Unternehmen Neueinstellungen kostengünstiger geworden; dementsprechend steigt die Nachfrage nach Arbeitskräften.

Auf der anderen Seite sind durch die marktradikalen Reformen alle Anreize in Richtung eines erhöhten Arbeitsangebotes gesetzt; es ist kaum noch einträglich, nicht zu arbeiten und von staatlichen Unterstützungszahlungen zu leben. Aufgrund all dieser Faktoren gibt es praktisch keine (strukturelle) Arbeitslosigkeit mehr: es herrscht Vollbeschäftigung – verbunden ist das allerdings mit einer relativ großen Einkommensungleichheit.

Fallbeispiel: Der amerikanische Arbeitsmarkt

In den USA ist in den 80er und 90er Jahren sowohl ein starker und anhaltender Beschäftigungsanstieg festzustellen, der die Arbeitslosigkeit auf 4,3 % (Januar 1999) gedrückt hat, als auch eine zunehmende Ungleichheit unter den Arbeitnehmern. Inwieweit das auf die Organisation des amerikanischen Arbeitsmarktes und die Arbeitslosenversicherung zurückzuführen ist, ist umstritten – allerdings spiegelt der amerikanische Arbeitsmarkt recht gut die Reformen wider, wie sie hier im marktradikalen Szenario dargestellt werden.

Die Gewerkschaftszugehörigkeit in den USA ist relativ schwach – Ende der 80er Jahre waren nur noch 15 % der Arbeitnehmer Mitglieder einer Gewerkschaft –, die Lohnverhandlungen verlaufen sehr dezentral, was auch damit zu tun hat, daß es viele autonome Gewerkschaften gibt, die nach Berufen und nicht nach Industriezweigen organisiert sind. Die Einheitsgewerkschaft deutschen Musters ist in den USA unbekannt. Bei den Lohnverhandlungen sind in den USA Tausende von Firmen und die lokalen Zweigorganisationen von mehr als 40 Gewerkschaften beteiligt. Durch diese dezentralen Lohnverhandlungen sind mögliche Effekte eines einzelnen Tarifvertrages auf die Kosten und die Arbeitsnachfrage in anderen Branchen relativ gering.

Ebenso ist die Ausstattung der Arbeitslosenversicherung, die in den USA zudem Sache der Bundesstaaten ist, weit weniger großzügig als in den meisten europäischen Staaten. Ein Arbeitsloser hat für die Dauer von 26 Wochen Anspruch auf 50 % seines letzten Nettoeinkommens. Allerdings muß er, damit dieser Anspruch nicht erlischt, sofort jede beliebige Stelle annehmen. Läuft die Zahlung aus, so ist es weitgehend Sache des Arbeitslosen, wie er sich und seine Familie durchbringt. Er erhält als staatliche Sozialhilfe lediglich Lebensmittelmarken im Wert von umgerechnet knapp DM 1.300 (im Falle eines Familienvaters mit zwei Kindern). Daneben gibt es von Bundesstaat zu Bundesstaat unterschiedliche Unterstützungsmaßnahmen.

Die andere Seite des amerikanischen Arbeitsmarktes ist die stark vergrößerte Ungleichheit der Einkommen. Das mittlere reale Familieneinkommen stagniert seit Beginn der 70er Jahre. In den oberen 40 % konnten mäßige Steigerungen verzeichnet werden; die höchsten Einkommensgruppen gewannen bis zu 19 % hinzu. Dagegen kam es in den unteren 40 % zu Einkommenseinbußen; im untersten Einkommensfünftel betrugen diese Einbußen bis zu 13 %. Ein Grund für die steigende Ungleichheit ist in den steigenden Prämien für bessere Ausbildung zu sehen. Ein zusätzlicher Faktor ist in der zunehmenden Globalisierung zu sehen, durch die arbeitsintensive Güter in stärkerem Maße in Entwicklungs- und Schwellenländern produziert werden, während man sich in den Industrieländern vermehrt auf wissens- und kapitalintensive Güter spezialisiert. Welche Bedeutung dieser Faktor jedoch tatsächlich hat, ist jedoch, wie schon in Kapitel 2 gezeigt, umstritten.

4.1.2.2
Alterssicherung: Private Vorsorge auf dem Kapitalmarkt

Im marktradikalen Szenario hat man sich bei der Reform der Alterssicherung streng im Sinne einer marktlichen Steuerung für eine volle Umstellung des Umlageverfahrens auf ein privates Kapitaldeckungsverfahren entschieden, die zu einem Rückzug des Staates aus der Alterssicherung führte. Statt dessen wurde ein breiter Markt für diverse Formen der Alterssicherung etabliert. Das System der gesetzlich garantierten Alterssicherung wurde in eine komplett kapitalfundierte Versicherung übergeführt. Vom alten Rentensystem blieb lediglich eine schmale Grundsicherung übrig, die im Rahmen der elementaren Armenfürsorge vom Staat geleistet wird. Damit verbunden war, daß auch die sogenannten „versicherungsfremden Leistungen“ (Berufs- und Erwerbsunfähigkeits- sowie Hinterbliebenenrenten, Finanzierung sozialpolitischer Aufgaben, Anrechnung von Ausbildungszeiten und Zeiten der Arbeitslosigkeit oder Krankheit, Kriegsfolgelasten und der Familienlastenausgleich) nicht mehr über eine gesetzliche Rentenversicherung finanziert wurden. Ebenso endete damit die sozialpolitische Umverteilung von kinderlosen zu kinderreichen Familien, die im alten System über die Berücksichtigung von Kindererziehungszeiten praktiziert worden ist.

Die Bindung der Alterssicherung an eine Erwerbsarbeit ist mit dieser Reform aufgegeben und jeder einzelne ist für seine Alterssicherung selbst verantwortlich. Dieser Rückzug des Staates führte zur Entstehung eines bunten Straußes verschiedenster Ausgestaltungen von Alterssicherung:

- Verträge über Betriebsrenten mit dem Arbeitgeber;
- Anlage der Ersparnisse entweder nach eigenen Vorstellungen oder über einen Pensions- bzw. Investmentfonds; dabei ist natürlich auch eine internationale Diversifikation der Anlagen möglich, ebenso eine Diversifikation nach Risiken: Die Ersparnisse können in festverzinslichen Papieren angelegt werden, aber auch in risiko- und ertragreicheren Aktien.

Es kam somit zu einer Ausdifferenzierung der Alterssicherung nach individueller Anlagestrategie, genereller Entwicklung des Kapitalmarktes und individueller Leistungsfähigkeit der Beitragszahler entsprechend der Position am Arbeitsmarkt bzw. der wirtschaftlichen Situation eines Individuums. Stark nachgefragte Arbeitskräfte können für sich ein hohes Maß an Alterssicherheit (und sozialer Sicherheit) herausverhandeln. Wirtschaftlich unabhängige Individuen (z.B. Erbengeneration) können den Ruhestand in einem entsprechend niedrigen Alter antreten und von Kapitaleinkünften leben, während wirtschaftlich schwächere Individuen damit rechnen müssen, ihre Lebensarbeitszeit auszudehnen oder aber Gefahr zu laufen, in Altersarmut abzusinken. Eine Absicherung von Hinterbliebenen oder der eigenen Frühinvalidität ist zu Marktbedingungen nur durch Bezahlung von entsprechenden Prämien zu erreichen. Alternativ dazu kann den Hinterbliebenen das angesparte Kapital auf dem Erbwege zufallen.

Die komplette Privatisierung der Alterssicherung brachte ein sehr ausdifferenziertes und flexibles System der Altersvorsorge hervor, die dem Individuum sehr viele Wahlmöglichkeiten bietet. Aufgrund der starken globalen Konkurrenz von Versicherungsunternehmen und Pensionsfonds um die Anlagegelder von potentiellen Kunden kommt es zu einer sehr effizienten Bereitstellung des Gutes „Altersvorsorge“. Zugleich erfordert das System aber auch, zumindest von den Personen, die sich mit niedrigeren, aber dafür vertraglich gesicherten Renditen nicht zufriedengeben, eine ständige Beobachtung des Kapitalmarktes und eine periodische Umschichtung ihrer Anlagen. Denn die Abhängigkeit der Altersvorsorge von der Kapitalmarktentwicklung birgt nicht nur die Chance überdurchschnittlicher Wertzuwächse, sondern auch Risiken, die in der hohen Volatilität der Finanzmärkte, also den großen Schwankungen in Preisen und Renditen, begründet sind. Da die Politik keine Anstalten zu einer stärkeren Regulierung der Finanzmärkte unternehmen konnte, müssen alle potentiellen Rentenbezieher mit dem Risiko einer unsicheren Zukunft des Kapitalmarktes leben.

Die völlige Privatisierung der Alterssicherung führte allerdings auch zu Fällen, in denen die soziale Grundsicherung im Alter nicht mehr gewährleistet war, sofern der einzelne nicht entsprechend vorgesorgt hatte bzw. vorsorgen konnte. Die Verarmung von Teilen der Bevölkerung, die während ihres Erwerbslebens eine schwache Position am Arbeitsmarkt hatten und die es nicht vermochten, eine adäquate Alterssicherung zu finanzieren oder die das angesparte Kapital durch eine falsche Anlagestrategie verloren, ist ein Begleiteffekt. Im Rahmen der Minimalfürsorge haben die staatlichen Stellen eine gewisse Anzahl von Armen zu versorgen, soweit diese nicht mehr arbeiten können. Denn vor dem Gang zur staatlichen Sozialamt steht die Aufnahme einer Arbeit bzw. die Verlängerung der Lebensarbeitszeit. Viele ältere Menschen, die sich in jüngeren Jahren nicht genügend ansparen konnten, arbeiten zumindest auf Teilzeitbasis bis ins hohe Alter weiter, sofern sie nicht anderweitig versorgt werden, etwa durch die Familie.

Diese Entscheidung älterer Menschen, ihre Lebensarbeitszeit zu verlängern, war auch ein wichtiger Punkt beim Übergang vom Umlageverfahren zum Kapitaldeckungsverfahren. Die Finanzierung dieses Überganges stellte ein zentrales Problem dar, über das vor dem Systemwechsel heftig diskutiert wurde. Die Ansprüche derjenigen, die im Umlagesystem Rentenanwartschaften erworben hatten, durften aus rechtlichen Gründen nicht einfach fallen gelassen werden. Hier waren die Befürchtungen groß, daß die Finanzierung sowohl der alten Anwartschaften als auch der Neuaufbau eines Kapitalstocks für die erwerbstätige Generation zu unvertretbaren Belastungen führen müsse. Hier wurden zahlreiche Möglichkeiten diskutiert, von einem gleitenden Übergang mit Verteilung der Lasten auf zwei bis drei Folgegenerationen bis hin zu stärkerer Rentenkürzung oder Besteuerung der Renten und der Verlängerung der Lebensarbeitszeit. Schließlich ließ man sich aber bei der Umstellung von einigen Simulationsrechnungen überzeugen, die zeigten, daß ein kompletter Übergang ohne Wohlfahrtsverluste möglich sei. Dabei gingen diese Modellrechnungen davon aus, daß das Arbeitsangebot nach Umstellung stark ansteigen würde und ebenso die gesamtwirtschaftliche Ersparnisbildung; denn beide Entscheidungen, sowohl die über das Arbeitsangebot als auch über die Ersparnis, wurden durch das Umlageverfahren stark verzerrt. Im Kapitaldeckungsverfahren fielen diese Verzerrungen nun weg und die resultierenden Wohlfahrtsgewinne wurden in den Simulationen als so stark angenommen, daß sie es ermöglichten, die Generation der Rentner für etwaige Verluste durch die Einstellung des alten Systems voll zu kompensieren.

Nichtsdestotrotz bleiben die Probleme einer rein privatwirtschaftlichen Altersversorgung weiter bestehen: die Gefahr der Altersarmut, insbesondere dann, wenn die Erwerbsfähigkeit eines älteren Menschen stark eingeschränkt ist; die große Abhängigkeit von der Kapitalmarktentwicklung; schließlich die starken sozialen Ungleichheiten, die bei einer solchen Differenzierung der Altersvorsorge nach Leistungsfähigkeit und auch nach Vermögen beinahe zwangsläufig entstehen müssen und die die Ungleichheiten zwischen Arbeitseinkommen perpetuieren, wenn nicht sogar verstärken. Die sozialen Chancen wirtschaftlich schwächerer Bevölkerungsgruppen werden eingeschränkt oder gar aufgehoben.

Fallbeispiel: Die Reform der Alterssicherung in Chile [1]

Chile hat bereits zu Anfang der 80er Jahre einen Systemwechsel in der Alterssicherung vollzogen, der allerdings nach Meinung vieler Beobachter in diesem Ausmaß nur in einer Diktatur möglich ist, wie sie Chile in jener Zeit darstellte. Chiles Alterssicherungssystem besteht aus zwei Säulen.

Die erste Säule dient einer bescheidenen Mindestsicherung: Unter der Voraussetzung längerfristiger Erwerbszeiten werden Grundrenten (im Jahr 1991 bis ca. 22 % des nationalen Pro-Kopf-Einkommens) gezahlt. Personen, die die Voraussetzung längerfristiger Erwerbstätigkeit nicht erfüllen, können eine bedürftigkeitsabhängige Sozialrente mit noch geringerem Leistungsniveau (ca. 12 % der Pro-Kopf-Einkommen) erhalten; die maximale Zahl der Sozialrenten wurde allerdings begrenzt.

Die zweite Säule entspricht einem privaten Pflichtsparsystem mit proportionalen Beiträgen (10 % der Einkommen zur Alterssicherung plus ca. 3,5 % zur Invaliditäts- und Hinterbliebenenversorgung). Die Beiträge bleiben im Vergleich zum früheren Umlagesystem relativ günstiger. Die personenbezogene Sparkapitalbildung erfolgt bei privaten Pensionsfonds, die im Mitgliederwettbewerb zueinander stehen. Die Versorgungsleistungen der zweiten Säule richten sich nach dem Sparkapital und dessen Kapitalmarkterträgen. Die Leistungen können in verschiedener Form gewählt werden, als variable Festbetragsauszahlungen über bestimmte Zeitperioden oder als lebenslange Leibrenten eines Versicherungsunternehmens.

Der Systemwechsel wurde folgendermaßen vollzogen: Die Bevölkerung wurde nach drei Altersgruppen differenziert. Jugendliche Neuzugänger ins Erwerbssystem wurden dem neuen System zugeordnet; die damalige Rentnergeneration erhielt die erworbenen Leistungen des alten Systems; die Erwerbspersonen des Übergangszeitpunkts erhielten ein Wahlrecht zwischen dem alten Umlage- und dem neuen Fondssystem. Im Falle der

[1] Die folgende Darstellung wurde weitgehend übernommen von: Hardes, H.-D.: Zur Notwendigkeit von Reformen der Alterssicherung: Die Sicht der Weltbank und alternative Reformbeispiele. Wirtschaftswissenschaftliches Studium Bd. 27 (1998), Nr. 10, S. 503–510, hier S. 509.

Wahl des neuen Systems wurden die früher erworbenen Anwartschaften zum Ausgleich in zusätzliche Staatsschuldverschreibungen umgewandelt, die beim späteren Rentenzugang ausgelöst werden konnten. Die Akzeptanz des neuen Systems durch die Erwerbspersonen war sehr hoch, vor allem wegen der Beitrags- bzw. Nettoeinkommensvorteile. Bei geringeren Beiträgen waren die Rentenzahlungen des neuen Systems höher, dies allerdings nicht zuletzt wegen der günstigen Bedingungen des Ausgleichs der früheren Anwartschaften. Insofern konnte der Systemwechsel gut bewältigt werden. Problematisch bleibt allerdings der hohe Anteil der Nicht-Beitragszahler, der im Zeitablauf noch erheblich gewachsen ist, obwohl die Arbeitgeber (nicht die Arbeitnehmer) zur Überweisung der Beiträge verpflichtet sind. So führt das neue System zu einer hohen Anzahl von Personen, die keine Leistungsansprüche der zweiten Säulen erwerben, sondern auf bescheidene Leistungen der Mindestsicherung angewiesen sind.

Hinzu kommen noch andere Probleme, wie etwa die hohen Akquisitions- und Marketingkosten der verschiedenen Unternehmen – die Schätzungen liegen bei 40 % der Beiträge –, die die Pensionsfonds managen. Außerdem kam es zu starken Konzentrationsbewegungen aufgrund von Fusionen. Nach wie vor arbeiten ca. die Hälfte der Unternehmen nicht profitabel.

4.1.2.3
Umweltschutz: Haftungsrecht und Zertifikate

Im Bereich des Umweltschutzes wurde von marktradikalen Reformen am allerwenigsten erwartet. Denn, so war die geläufige Meinung, im unregulierten Markt habe die Umwelt keine Stimme, der Umweltschutz müsse zwangsläufig unter die Räder geraten. Hier haben sich die Dinge jedoch anders entwickelt.

Denn zu den wesentlichen Aufgaben des Staates im marktradikalen Szenario zählt die Definition und Durchsetzung von Eigentumsrechten. Und man war sich darüber einig geworden, daß das Umweltproblem im wesentlichen ein Problem nicht ausreichend definierter Eigentumsrechte war: Da die Umwelt niemandem gehört und zur kostenlosen Nutzung zur Verfügung steht, wurde sie auch übernutzt. Auf der anderen Seite ging man davon aus, daß rigide Umweltschutzbestimmungen in einer globalisierten Welt, in der auch die Umweltgesetzgebung ein relevanter Faktor bei der Standortwahl ist, nicht machbar sind. Die Lösung war daher, das Problem von den Eigentumsrechten her anzugehen und entsprechende Marktmechanismen einzuführen, damit die Umweltnutzung einen Preis bekam. Dafür wurden zwei Instrumente besonders bemüht: das Haftungsrecht und Emissionszertifikate.

Das Haftungsrecht gehört zu den grundlegenden Rechtsgebieten einer Marktwirtschaft und wurde im Zuge der marktradikalen Reformen sehr verschärft. Jegliche Beschränkung der Haftung für Schäden, die durch Handlungen welcher Art auch immer bei unbeteiligten Dritten entstehen – wie sie z. B. im Atomrecht existierten –, wurde aufgehoben. Wer anderen Schaden zufügt, ist ihnen zum kompletten Ersatz des Schadens verpflichtet. Zusätzlich wurden Regelungen bezüglich der Beweislast eingeführt, die das Haftungsrecht auch für Umweltfragen handhabbar werden ließen (z. B. Umkehr der Beweislast in bestimmten Fällen, d. h. wenn eine plausible Vermutung vorliegt, daß ein Unternehmen einen bestimmten Schaden verursacht hat, ist es Sache des Unternehmens, das Gegenteil zu beweisen; Erleichterungen bei der Führung des Kausalnachweises in Form einer statistisch-epidemiologischen Beweisführung etc.).

Im Falle der Umweltzertifikate/Emissionsrechte, die vor allem für bestimmte Luftschadstoffe verwendet werden, setzte der Staat bzw. die Umweltbehörde eine höchstzulässige Menge an Umweltbelastung fest, die in einzelnen Zertifikaten verbrieft wird. Hier agierte der Staat sozusagen stellvertretend als Eigentümer des betreffenden Umweltgutes und setzte als solcher die zulässigen Verschmutzungsmengen fest. Diese Zertifikate wurden an die interessierten Unternehmen versteigert oder auch nach einem bestimmten Schlüssel gratis verteilt. Jede Unternehmung benötigt die entsprechende Anzahl Zertifikate, um die von ihr gewünschten Emissionen auch vornehmen zu können. Hat sie nicht genügend Zertifikate, muß sie entweder ihre Emissionen reduzieren oder auf dem Markt Emissionszertifikate hinzukaufen. Reduziert sie ihre Emissionen stärker als es ihrer Zertifikatsausstattung entspricht, kann sie die nicht benötigten Emissionsrechte an andere Unternehmen verkaufen. Aufgrund der Handelbarkeit der Zertifikate werden die Emissionen dort reduziert, wo dies am kostengünstigsten möglich ist; da die Anzahl der insgesamt zur Verfügung stehenden Zertifikate beschränkt ist, wird das angepeilte Umweltziel in jedem Fall erreicht.

Die Zertifikate werden vor allem zur Reduktion von Emissionen in besonders stark belasteten Regionen eingesetzt. Darüber hinaus aber hat sich insbesondere bei globalen Umweltproblemen wie dem Treibhauseffekt die Zertifikatelösung durchgesetzt. Man einigte sich auf internationalen Konferenzen über das Ausmaß der Gesamtreduktion an CO_2 und auf einen Schlüssel für die Ausgangsverteilung der Zertifikate. Inzwischen haben sich zahlreiche Händler und Broker etabliert, die den Handel mit Zertifikaten abwickeln. Von einer Unterabteilung der WTO, die mittlerweile weitgehend die Zuständigkeit für internationale Umweltfragen übernommen hat, wird kontrolliert, ob Zertifikatsausstattung und Emissionen in Einklang miteinander stehen.

Die marktradikale Umweltpolitik hat damit die Chance wahrgenommen, übernational und grenzüberschreitend wirksam zu werden, da es zu einer Einigung über die grundlegenden Mechanismen und die Einrichtung der entsprechenden Märkte gekommen ist. So kann diese Umweltpolitik durchaus Erfolge verzeichnen, insbesondere dort, wo die Instrumente des Haftungsrechts und der Zertifikate greifen und relativ einfach einsetzbar sind. Als größeres Problem stellen sich die „schleichenden" Umweltverschmutzungen heraus, bei denen Ursache und Wirkung nur schwer zuzuordnen sind, etwa weil sie räumlich oder zeitlich sehr weit auseinanderliegen. Derartige Probleme bleiben weitgehend ungelöst.

Fallbeispiel: Das RECLAIM-Programm in Kalifornien

Eines der ersten erfolgreichen Beispiele für den Einsatz des Zertifikatsinstruments ist das RECLAIM-Programm in Kalifornien. RECLAIM steht für Regional Clean Air Incentive Mechanism und ist ein Zertifkatsprogramm zur Reduktion der Stickoxid- und Schwefeloxid-Emissionen im Großraum Los Angeles.

Von seinen Zielsetzungen her schließt sich RECLAIM an die frühere Grenzwertpolitik an, bei der allerdings absehbar war, daß ihre weitere Verfolgung zu hohen (Vermeidungs-)Kosten für die Unternehmen führen würde. Aus diesem Grunde entschloß man sich, Emissionszertifikate einzuführen. Alle Unternehmen, die an dem Programm teilnehmen mußten, bekamen für 1995 eine Anfangsausstattung mit Zertifikaten, die in etwa dem Durchschnitt ihrer jährlichen Emissionen in der Vergangenheit entsprach. Auch für alle weiteren Jahre, in denen das Programm läuft (bis 2010), bekamen sie Zertifikate zugeteilt, für jedes Folgejahr allerdings jeweils 7–10 % weniger. Aus dieser Anfangszuteilung ergibt sich, wenn kein Handel mit Zertifikaten stattfindet, eine Verpflichtung für die Unternehmen, ihre Emissionen jährlich um diesen Prozentsatz zu reduzieren. Nun können sich die Unternehmen entscheiden, ob sie ihre Emissionen entsprechend diesem Pfad reduzieren wollen oder nicht. Ein Unternehmen, dessen Reduktionskosten tief sind, kann stärker reduzieren und die nicht benötigten Zertifikate auf den regelmäßig stattfindenden Auktionen verkaufen. Ein Unternehmen mit hohen Reduktionskosten wird versuchen, auf diesen Auktionen zusätzliche Zertifikate zu erstehen. Die Unternehmen können dabei auch mit Zertifikaten handeln, die erst in der Zukunft gültig sind. Neu in den Markt eintretende Unternehmen bekommen keine zusätzliche Anfangsausstattung, sondern müssen die erforderlichen Zertifikate von anderen Unternehmen erwerben.

Der Handel mit Zertifikaten hat dabei nach einigen Anfangsschwierigkeiten einen beträchtlichen Schwung erreicht, es haben sich auch spezialisierte Broker etabliert, die sich vorwiegend mit dem Handel von Umweltzertifikaten befassen.

Die Kontrollen, ob Emissionen und Zertifikatsausstattung in Einklang miteinander stehen, fallen je nach Unternehmensgröße unterschiedlich aus. Großunternehmen wurden zu einer kontinuierlichen Messung verpflichtet; das Meßgerät steht in Verbindung zur Umweltbehörde. Kleinere Unternehmen haben vierteljährlich Bericht zu erstatten. Hat ein Unternehmen zuwenig Zertifikate, um seine Emissionen „abzudecken", muß es, sofern es nicht reduziert, die erforderlichen Zertifikate innerhalb einer gewissen Frist auf dem Markt besorgen. Dauerhaft unzureichende Zertifikatsausstattungen werden mit Sanktionen belegt, die von Geldbußen bis hin zum Ausschluß vom Zertifikatshandel reichen. In all diesen Fällen muß der Staat als Schiedsrichter tätig sein, um das Funktionieren des Zertifikatsmarktes sicherzustellen.

Sowohl unter Kosten- als auch unter Umweltgesichtspunkten ist das Programm als recht erfolgreich anzusehen. Die geschätzten Kosteneinsparungen, die durch die effiziente Allokation der Reduktionsanstrengungen erzielt werden konnten, belaufen sich auf ca. 40 %. Auch die Umweltziele, die im wesentlichen der vorherigen Grenzwertpolitik entsprechen, konnten, trotz einiger Kritik im Detail, erreicht werden.

4.2 Handlungsempfehlungen für die zentralen Akteure

Im marktradikalen wie auch in den anderen beiden Szenarien stehen die drei zentralen Akteure bzw. Akteursgruppen – Unternehmen, Staat und zivilgesellschaftliche Gruppen – vor dem Problem, wie sie ihre Anliegen und Ziele unter den Bedingungen des jeweiligen Szenarios durchsetzen können. Welche Empfehlungen lassen sich für die einzelnen Akteure nun im Rahmen eines marktradikalen Szenarios geben?

4.2.1 Handlungsempfehlungen für Unternehmen: Kampf um Märkte und Beachtung des Vorsorgeprinzips

Die Empfehlungen und Strategien für Unternehmen im marktradikalen Szenario lassen sich im Prinzip unter zwei Rubriken zusammenfassen: einmal die bestmögliche Nutzung des Markt- und Preismechanismus, zum anderen die größere Verantwortung für Probleme der Gesellschaft, die auch (oder gerade) in einem marktradikalen Szenario auf die Unternehmen zukommt. Die Nutzung des Markt- und Preismechanismus bezeichnet hier nichts anderes als die Methoden, um den Kampf und Marktanteile und Gewinne führen zu können; die größere Verantwortung für Gesellschaftsprobleme, die den Unternehmen mehr oder weniger unfreiwillig aufgeladen wird, schafft für sie ganz von selbst die Notwendigkeit, sich in bestimmten Bereichen, wie z. B. dem Umweltschutz, stärker nach dem Vorsorgeprinzip zu organisieren.

4.2.1.1
Die Nutzung des Markt- und Preismechanismus

a) Unternehmen als Weltmarktanbieter im Wettbewerb der Systeme

Die marktradikale Welt ist eine Welt des scharfen Wettbewerbs zwischen den Unternehmen. Darüber hinaus herrscht in diesem Szenario ein globaler Wettbewerb der Systeme und Staaten um die besten Möglichkeiten der Kapitalverwertung. Die andere Seite dieser Medaille ist eine weitgehend ungehinderte Mobilität der Produktionsfaktoren. Diesen Wettbewerb können und sollen Unternehmen durch geschickte Ausnutzung von Steuerunterschieden, durch Aufteilung der Wertschöpfungskette auf Produktionsstandorte mit unterschiedlichen Kosten ausnutzen. Der Wettbewerb zwischen ihnen läßt ihnen auch wenig andere Möglichkeiten. Da die Staaten durch eine scharfe Wettbewerbspolitik und Fusionskontrolle dafür sorgen, daß keine marktbeherrschenden Firmen entstehen, sind die Unternehmen auf die Ausnutzung von Kostenunterschieden verwiesen. Die wichtigste Empfehlung an Unternehmen in einem marktradikalen Szenario ist daher, sich auf ihre Kernaufgabe zu konzentrieren: die kostengünstige Produktion von absatzfähigen Produkten. Dabei müssen sie geschickt die Möglichkeiten ausnutzen, die ihnen an verschiedenen Standorten gegeben sind. Da sie im marktradikalen Szenario verstärkt unter der Kontrolle der Kapitalmärkte stehen, müssen die Unternehmen auch in erster Linie auf ihren „Shareholder Value“ achten.

b) Produktinnovation, Produktdifferenzierung und Preismechanismus

Das marktradikale Szenario funktioniert, wie schon gesagt, vor allem über den Preismechanismus. Dennoch muß das nicht heißen, daß die Unternehmen als reine Preisnehmer fungieren; sie haben sehr wohl die Möglichkeit, auf die Preisgestaltung Einfluß zu nehmen. Die marktradikale Welt ist keine Welt vollständiger Konkurrenz, sondern läßt vielfältige Möglichkeiten der Preisgestaltung bzw. der Produktdifferenzierung offen.

Diese Möglichkeiten der Produktdifferenzierung sollten die Unternehmen auch nutzen und sich nicht ausschließlich auf Kostensenkungswettbewerb verlassen, wenngleich natürlich die Empfehlungen zur günstigsten Ausnutzung der Kostenunterschiede und der Aufspaltung der Wertschöpfungskette gültig bleiben. Der Versuch jedoch, mit bloßen Kostensenkungen (z. B. aufgrund von Prozeßinnovationen) und niedrigeren Preisen sich von seinen Wettbewerbern abzusetzen, hat die Tendenz, für alle beteiligten Unternehmen zu einem Nullsummenspiel zu werden, da (reine) Prozeßinnovationen relativ rasch diffundieren. Zwar gilt für jedes einzelne Unternehmen, daß eine Senkung der (Stück-)Kosten den Absatz und damit den Marktanteil steigert; handeln jedoch alle Unternehmen in dieser Weise, sieht das Ergebnis anders aus: Nach vollständiger Diffusion der kostensenkenden Maßnahme in allen Unternehmen ist der Preis des Produktes gesunken, das gesamte Marktvolumen ist mengenmäßig genau so groß (oder aufgrund des gesunkenen Preises etwas größer) wie vor Einführung der Kostensenkung, der Gewinn jedes einzelnen Unternehmens hat sich nicht verbessert.

Pioniergewinne im Bereich der Produktinnovationen, mit denen neue Märkte erschlossen werden, haben dagegen längere Zeit Bestand. Deshalb müssen die Unternehmen gerade in einer marktradikalen Welt die Entwicklung neuer Produkte oder die Differenzierung von Wettbewerbern vorantreiben. Sie können damit auch die Bedeutung des Preises für die Entscheidung zwischen verschiedenen Produkten etwas vermindern: Die Kombination von Preis, bestimmten Qualitätsstandards, Garantien und Serviceleistungen offeriert dem Konsumenten bestimmte Leistungspakete; allerdings wird damit der Vergleich zwischen verschiedenen Produkten schwieriger. Die Kehrseite einer größeren Produktdifferenzierung ist damit auch eine gewisse Intransparenz, die für Unternehmen aber vielleicht nicht ungelegen kommt.

4.2.1.2 Die größere Verantwortung der Unternehmen für Gesellschaftsprobleme

Daß Unternehmen für bestimmte gesellschaftliche Probleme eine größere Verantwortung übernehmen sollen, scheint auf den ersten Blick paradox zu sein, wird doch im marktradikalen Szenario eigentlich die größtmögliche Freiheit aller Akteure ins Zentrum gestellt. Allerdings drückt sich diese Freiheit auch darin aus, daß der Staat sich weitgehend mit Eingriffen in die Wirtschafts- und Gesellschaftsprozesse zurückhält bzw. sein bisheriges Engagement stark reduziert. Mit diesem Rückzug des Staates verschwinden jedoch nicht die Probleme, zu deren Lösung der Staat sich berufen fühlte. Daher werden sie in die Verantwortung der privaten Akteure zurückgegeben, die nun auch aufgerufen sind, Lösungen zu entwickeln. Zwei Felder, in denen sich dies besonders deutlich zeigen könnte und daher den Unternehmen besonders die Entwicklung von Lösungen zu empfehlen ist, sind die Alterssicherung und der Umweltschutz.

a) Alterssicherung für Mitarbeiter

In der marktradikalen Welt spielt, wie schon erläutert, die gesetzliche Rentenversicherung nur noch die Rolle der Grundsicherung. Sowohl die Eigenvorsorge als auch betriebliche Systeme der Alterssicherung werden immer wichtiger. Hier besteht für Unternehmen eine Möglichkeit, sich gegenüber anderen Firmen zu differenzieren und mit dem Angebot von Betriebsrenten ein zusätzliches Entscheidungskriterium für Personen zu schaffen, die in diesen Firmen arbeiten wollen. Da in einer marktradikalen Welt die Veränderungen immer schneller vonstatten gehen und die Unsicherheit für jeden einzelnen zunimmt, können Firmen insbesondere begehrten Angestellten durch die Einrichtung von Betriebsrenten die Möglichkeit bieten, ihre individuelle Unsicherheit über die Zukunft zu reduzieren.

Damit dies eine realistische Möglichkeit darstellt, müssen natürlich die Betriebsrentensysteme bestimmte Vorteile gegenüber individuellen Anlagestrategien haben (denn die einfachste Möglichkeit für Firmen besteht ja im Zahlen höherer Löhne, die die Angestellten zu Anlagezwecken verwenden können). Möglicherweise haben Betriebsrentensysteme günstigere Risiko-Rendite-Verhältnisse, die durch ihr größeres Anlagevolumen zustande kommen. Dies müßte sich im Einzelfall zeigen.

Grundsätzlich sind zwei Möglichkeiten denkbar: Große, börsennotierte Gesellschaften haben die Möglichkeit, Optionen auf ihre eigenen Aktien auszugeben, die nach einer gewissen Zeit ausgeübt werden können und einen niedrigen Ausübungspreis besitzen. Allerdings ist eine solche Lösung mit großen Unsicherheiten darüber verbunden, wie hoch das verfügbare Kapital bei Ausübung der Option tatsächlich sein wird. Außerdem dürfte diese Lösung nur wenigen Unternehmen offenstehen. Eine zweite Möglichkeit ist die Einführung eines Investivlohnes oder auch einer Gewinnbeteiligung, bei der ein Teil des Lohnes vermögenswirksam angelegt wird. Dies kann überbetrieblich durch Tariffonds organisiert werden, zu denen sich die Unternehmen zusammenschließen.

b) Die Verantwortung der Unternehmen im Umweltschutz

Auch die größere Verantwortung im Umweltschutz, die im marktradikalen Szenario auf seiten der Unternehmen besteht, liegt darin begründet, daß der Staat zwar auf weitreichende Regulierungen im Umweltschutz verzichtete, dafür aber wurde, wie im Szenario beschrieben, neben einigen Zertifikatslösungen im Umweltschutz ein sehr weitgehendes Umwelthaftungsrecht in Kraft gesetzt, das es tatsächlichen oder potentiellen Geschädigten um einiges einfacher macht, sich mit einer Schadenersatzklage an die Unternehmen zu wenden und sie zur Kompensation von Umweltschäden zu zwingen.

In einer solchen Situation ist es für Unternehmen nicht mehr ausreichend, wenn sie sich lediglich um die Einhaltung einiger Grenzwerte und anderer gesetzliche Verfahrensbestimmungen kümmern (die in einer marktradikalen Welt ohnehin stark an Bedeutung verlieren werden). Es kommt gerade in einer marktradikalen Welt darauf an, die betriebliche Umweltpolitik sehr viel stärker am Prinzip der Vorsorge zu orientieren. Denn ein vorsorgender betrieblicher Umweltschutz, der Umweltbelastungen gar nicht erst entstehen läßt, ist auch eine bessere Gewähr dafür, daß Schadenersatzforderungen von Betroffenen nicht oder nur in geringerem Maße entstehen.

4.2.2 Handlungsempfehlungen für den Staat: Der Nachtwächter im Systemwettbewerb

Der Staat hat im marktradikalen Szenario einen beträchtlichen Teil seiner früheren Gestaltungsmöglichkeiten verloren. Nichtsdestrotz ist der Staat nach wie vor notwendig, um den Ablauf des Marktgeschehens zu gewährleisten. Markt ist – auch im marktradikalen Szenario – eine staatliche Veranstaltung. Der Staat muß Eigentumsrechte und die Einhaltung von Verträgen gewährleisten und deshalb die notwendigen Ressourcen für die Rechtsdurchsetzung bereitstellen (wenngleich es auch einige radikale Liberale gibt, die sogar diese elementaren Staatsaufgaben dem Privatsektor überlassen wollen). Dennoch sind die Entscheidungs- und Handlungsmöglichkeiten des Staates in einem solchen Szenario bei weitem nicht so groß; er kann aber trotzdem bei einer intelligenten Nutzung dieser Handlungsmöglichkeiten wichtige Effekte erzielen.

a) Abgabe von Verantwortung an private Akteure

Zunächst einmal lassen sich die verminderten Handlungsmöglichkeiten des Staates auch positiv wenden, indem der Staat einen Teil seiner Verantwortung, die er bisher innehatte, an private Akteure abtritt. Er setzt lediglich noch einen recht allgemeinen Rechtsrahmen, überläßt das Problem im übrigen aber den Marktteilnehmern. Ein Beispiel dafür ist der Umweltschutz.

Das Feld des Umweltschutzes scheint zunächst einmal das Gebiet zu sein, das ohne staatliche Regulierung und Eingriffe nicht auszukommen vermag. Aber auch auf diesem Gebiet ist ein weitgehender Rückzug des Staates möglich, zumindest soweit davon ordnungsrechtliche Umweltschutzmaßnahmen betroffen sind. Eine Alternative dazu stellt eine Verschärfung des Haftungsrechts im Umweltschutz dar. Das Haftungsrecht zählt zu den „Grundgesetzen“ einer Marktwirtschaft; es ist ganz allgemein ein attraktives Instrument, wenn der Staat lediglich einen allgemeinen Rechtsrahmen schaffen, aber ansonsten möglichst wenig in das Marktgeschehen eingreifen soll. Da Firmen bei einem strengen Umwelthaftungsrecht damit rechnen müssen, zur Verantwortung gezogen zu werden, bietet es gleichzeitig einen Anreiz, gefährliche Verschmutzungen zu reduzieren bzw. zu verhindern.

Damit das Umwelthaftungsrecht aber eine derartige Wirkung entfalten kann, muß es so ausgestaltet werden, daß es auch tatsächlich ein wirksames Instrument sein kann. Dazu sind drei Elemente erforderlich:

- das Prinzip der Gefährdungshaftung (anstelle der Verschuldenshaftung)
- die Einführung von Beweiserleichterungen
- die Abschaffung von Haftungsobergrenzen.

Zum Prinzip der Gefährdungshaftung: Bei der Gefährdungshaftung haftet ein Schädiger immer, wenn ein Schaden eingetreten ist, der auf seine Tätigkeit zurückzuführen ist, auch wenn er ihn nicht vorsätzlich oder fahrlässig verursacht hat. Die Gefährdungshaftung führt dazu, daß Schäden bzw. Schadenersatzkosten bereits in die Produktionskosten von Gütern eingehen. Denn wenn ein Unternehmen für alle Schäden aufkommen muß, die es verursacht, berücksichtigt es diese im voraus bei der Produktionsplanung und wählt eine weniger schadensträchtige Produktionsmethode oder schränkt die Produktion entsprechend ein. Dieser Effekt fällt bei der Verschuldenshaftung weg, da ein Unternehmen nicht haften muß, wenn es zwar Schäden verursacht, aber alle vorgeschriebenen Sicherheitsstandards eingehalten hat.

Zur Einführung von Beweiserleichterungen: Gerade bei Schäden durch Umweltverschmutzung ist es schwierig zu beweisen, daß eine bestimmte Tätigkeit eines Unternehmens die Ursache für einen Schaden ist; die Kausalkette ist lang und komplex, oft gibt es mehrere Schädiger und Geschädigte. Oft müßte man zur Führung des Beweises Einblick in betriebliche Produktionsprozesse haben, was Außenstehenden praktisch nicht möglich ist. Aus diesem Grund muß die Beweislast anders geregelt werden: Sofern eine begründete Vermutung darüber vorliegt, daß ein bestimmter Schaden durch ein Unternehmen oder eine Gruppe von Unternehmen hervorgerufen worden ist, muß der potentielle Schädiger beweisen, daß der Schaden durch ihn nicht entstanden sein kann.

Schließlich ist es noch erforderlich, Haftungshöchstgrenzen abzuschaffen, da auch derartige Grenzen die Anreize für Unternehmen in die falsche Richtung lenken.

b) (Opportunistische) Nutzung des Wettbewerbs der Systeme

Das marktradikale Szenario ist nicht nur durch einen weltweiten Wettbewerb der Unternehmen gekennzeichnet, sondern auch durch einen Wettbewerb der Standorte und Systeme. Staaten müssen sich darum bemühen, die mobilen Faktoren Kapital und Wissen anzuziehen. Im marktradikalen Szenario werden die einzelnen Staaten am besten daran tun, sich diesem Wettbewerb der Systeme offensiv zu stellen. Die Frage dabei ist natürlich, ob ein solcher Wettbewerb der Systeme zwingend ein reiner Wettbewerb um die niedrigsten Kosten und die niedrigsten Standards sein muß. Möglicherweise läßt sich der Wettbewerb zwischen den Systemen und Standorten auch anders ausnutzen als nur die Steuern und Abgaben zu senken sowie Sozial- und Umweltstandards zu verringern. Klar ist dabei allerdings, daß es sich um Maßnahmen handeln muß, die einen Staat für Unternehmen bzw. für die Produktionsfaktoren Kapital und Wissen attraktiv macht; ferner muß diese Attraktivität auch unmittelbar für die Unternehmen bzw. für die mobilen Produktionsfaktoren spürbar sein (z. B. im Rahmen einer Technologieförderung). Aus diesem Grunde scheidet ein großzügiges Sozialprogramm zur Attraktivitätssteigerung in diesem Szenario aus. Es ist zwar ein indirekter Nutzen für Unternehmen und mobile Produktionsfaktoren erkennbar bzw. ableitbar: Gute Sozialleistungen tragen zur Befriedung der Gesellschaft bei und können so auch zu höheren Erträgen führen; aber dieser indirekte Wirkungskanal tritt gegenüber der unmittelbaren Kostensteigerung, die mit Sozialprogrammen verbunden ist, sicherlich in den Hintergrund.

c) Anpassung der sozialen Sicherungssysteme an den Systemwettbewerb

Der Wettbewerb, der in der Globalisierung im marktradikalen Szenario auch die Staaten erfaßt hat, macht es erforderlich, auch die Sozialsysteme der Staaten anzupassen. Führen soziale Sicherungssysteme zu hohen Kosten für die Unternehmen, werden sie im marktradikalen Szenario beinahe zwangsläufig im Zuge von Reformen abgebaut werden.

Damit ist aber nicht zwangsläufig verbunden, daß überhaupt keine soziale Sicherung mehr gewährleistet wird; im marktradikalen Szenario muß sich der Staat jedoch auf die Bereiche beschränken, in denen er gegenüber den privaten Akteuren tatsächlich einen (komparativen) Vorteil innehat. Dies dürfte weniger im Bereich der Alterssicherung sein; hier wird es zahlreiche private Vorsorgemöglichkeiten geben. Es werden im wesentlichen zwei Risiken sein, die dem Staat verbleiben und für die auf dem Markt keine adäquate Versicherung existiert: (absolute) Armut und Arbeitslosigkeit.

In der Alterssicherung verschärfen die demographischen Entwicklungen die Probleme der umlagefinanzierten Sicherungssysteme. Private, kapitalfundierte Versicherungen, die auf dem Markt in großer Zahl angeboten werden, bieten vor allem für junge und gut verdienende Arbeitnehmer attraktive Lösungen. Wo immer möglich, werden sie versuchen, aus dem staatlichen System auszusteigen.

Hingegen wird es für den Staat auch und gerade im marktradikalen Szenario erforderlich sein, ein gewisses Existenzminimum zu garantieren, denn durch verschärften Wettbewerb nimmt die Ungleichheit der Einkommensverteilung und ebenso die Armut in bestimmten Schichten zu. Betroffen sind hiervon in erster Linie gering oder nicht-qualifizierte Arbeitskräfte, die als Verlierer der Globalisierung angesehen werden müssen, da ihre Arbeitsplätze vermehrt in andere Länder verlagert werden. Daher wird auch der Bedarf an staatlicher Umverteilung vorhanden bleiben, er muß jedoch wesentlich zielgerichteter ablaufen. Dabei muß darauf geachtet werden, die richtigen Anreize für die Aufnahme geregelter Arbeit zu setzen. Wichtig ist die (begrenzte) staatliche Umverteilung auch deshalb, weil ohne sie wahrscheinlich die Risikoneigung der Wirtschaftssubjekte zu gering ausgeprägt ist. Wer weiß, daß er bei einem Mißerfolg nicht ins Bodenlose fällt, wird eher zu riskanten Unternehmungen bereit sein.

Das zweite Risiko, das der Staat absichern muß, ist das der Arbeitslosigkeit, da diese auf privaten Märkten nicht oder nur schwer zu versichern ist. Das liegt einmal an dem Problem der asymmetrischen Informationsverteilung zwischen Versicherer und Versicherungsnehmer, was etwa zu einer sog. adversen Selektion führen kann: die „guten" und „schlechten" Risiken bzw. Arbeitnehmer können vom Versicherer nur schwer unterschieden und mit unterschiedlichen Prämien versehen werden; setzt der Versicherer deshalb eine Durchschnittsprämie fest, bleiben die „guten" Risiken weg und nur die schlechten wählen die Versicherung, was dazu führt, daß der Versicherer nicht mehr kostendeckend arbeitet. Hinzu kommt, daß die Risikoquellen im Falle der Arbeitslosigkeit stark korreliert sind. Vor allem bei gesamtwirtschaftlicher Arbeitslosigkeit ist ein effizienter Risikoausgleich unter den Versicherten nur schwer herbeizuführen.

Für die Absicherung dieser beiden Risiken – absolute Armut und Arbeitslosigkeit – wird nach wie vor der Staat auch im marktradikalen Szenario verantwortlich sein. Die Frage ist, wie er die Mittel dafür aufbringt. Das Kapital wird sich im marktradikalen Szenario der Besteuerung weitgehend entziehen; wenn auch der staatliche Ertrag aus der Kapitalbesteuerung wahrscheinlich nicht gänzlich verschwinden wird, so wird doch ziemlich sicher der Beitrag des Kapitals zur Finanzierung staatlicher Leistungen zurückgehen. Zumindest indirekt ist das Kapital aber dennoch heranzuziehen: Wenn die Staaten ihre Standorte für (Real-)Kapital attraktiv machen, steigert dies die Produktivität und damit die Wertschöpfung der immobilen Faktoren, die dann wiederum zur Besteuerung herangezogen werden können. Den Löwenanteil der Finanzierung wird daher wohl der Faktor Arbeit tragen müssen, da dieser weit weniger mobil ist als das Kapital, mit der Folge, daß Umverteilung vor allem innerhalb der Arbeitnehmerschaft zwischen den hohen und den niedrigen Arbeitseinkommen stattfinden wird. Eine zweite Alternative wäre die Besteuerung des privaten Konsums anstelle des Einkommens.

4.2.3 Handlungsempfehlungen für zivilgesellschaftliche Akteure: Selbsthilfegruppe und gesellschaftlicher Reparaturbetrieb

Zivilgesellschaftliche Akteure haben im marktradikalen Szenario an zwei Fronten zu kämpfen: Auf der einen Seite ist es in einer Welt, die ganz auf die Prinzipien von Markt und Wettbewerb ausgerichtet ist, für nicht-gewinnorientierte Organisationen schwierig, die nötige Menge an finanziellen Ressourcen und (ehrenamtlichen wie hauptberuflichen) Mitarbeitern zu finden; auf der anderen Seite wächst mit den Problemen und Spannungen, die in einer marktradikalen Welt aufkommen, der Bedarf an zivilgesellschaftlichem Engagement.

a) Duale Strategie: Profit- und Non-profit-Sektor

In einer marktradikalen Welt haben herkömmliche zivilgesellschaftliche Organisationen Schwierigkeiten bei der Akquisition von (finanziellen) Ressourcen. Im allgemeinen müssen sie ihren Spendern und Gönnern einen Zusatznutzen bieten, um potentiellen Geldgebern einen Anreiz zu geben. Ein solcher Zusatznutzen kann wohl nur immaterieller Art sein und besteht dann „nur" in der Aufbesserung des Images des Spenders: Er kann mit seiner Großzügigkeit werben und dies wiederum, wenn es sich bei dem Spender um ein Unternehmen handelt, als Werbeinstrument für die Vermarktung seiner eigenen Produkte einsetzen.

Fraglich ist jedoch, ob ein solcher Zusatznutzen, der allein auf der Imageförderung basiert, ausreichend ist, um das gewünschte Spendenaufkommen zu generieren. Falls nicht, sollten die Organisationen eine zweigleisige Strategie fahren: auf der einen Seite stehen dann ihre eigentlichen zivilgesellschaftlichen Aktivitäten, die sie wie bisher weiterführen und für die sie versuchen, Spenden zu akquirieren. Auf der anderen Seite steht dann eine auf Gewinn wirtschaftende Abteilung, die Güter und Dienstleistungen wie ein normales Unternehmen anbietet; diese Güter können „Fan-Artikel" sein, aber auch Dienstleistungen wie z. B. Beratungen umfassen. Mit dem Ertrag aus dieser gewinnorientierten Abteilung können dann die „eigentlichen" zivilgesellschaftlichen Aktivitäten (mit-)finanziert werden.

Eine Organisation, die vom Anspruch her Ziele verfolgt, die am Gemeinwohl orientiert sind, wird beim Aufbau einer gewinnorientierten Abteilung darauf achten müssen, daß nicht jede Art von Geschäft für sie in Frage kommt. Über dieses Problem wird es in den einzelnen Gruppen unvermeidlicherweise zu Diskussionen kommen. Wichtig ist die Entscheidung, mit welchen Aufgaben man eine gewinnorientierte Abteilung betrauen will, vor allem deshalb, weil die „falschen" Geschäfte die Glaubwürdigkeit einer Organisation beeinträchtigen können, was wiederum zu einem Rückgang der freiwilligen Spenden und des Engagements ehrenamtlicher Mitarbeiter führen kann. In solch einem Fall würde die finanzielle Entlastung aufgrund vermehrter Gewinne zum Teil kompensiert, in extremen Fällen sogar überkompensiert durch zurückgehende Spenden und nachlassendes Engagement für die eigentlich zentralen Aufgaben der zivilgesellschaftlichen Organisation.

b) Schaffung von Transparenz im Marktgeschehen

Als sinnvolle Strategie für die Unternehmen im marktradikalen Szenario erschien es, daß sie sich mit verschiedensten Zusatzdienstleistungen sowie Produktdifferenzierungen und -innovationen von ihren Wettbewerbern abzusetzen versuchen. Dies kann zu einer gewissen Unübersichtlichkeit im Markt führen, die für die Kosumenten mit hohen Transaktions- und Entscheidungskosten verbunden ist. Hier kann eine wichtige Aufgabe der zivilgesellschaftlichen Akteure sein, für Transparenz auf dem Markt zu sorgen und auch Informationen bereitzustellen, die vielleicht für viele Konsumenten von Bedeutung sind, von den Firmen selbst aber nicht ohne weiteres bekannt gegeben werden, z. B. über die Umweltschädlichkeit der Produktion, die eingesetzten Produktionsmethoden in anderen Ländern usw. Im marktradikalen Szenario ist Transparenz möglicherweise auch die zentrale Dienstleistung, die von zivilgesellschaftlichen Akteuren erbracht werden kann.

c) Organisierung der „working poor"

Ein marktradikales Szenario wird aller Voraussicht nach eine beträchtliche Einkommensungleichheit produzieren; möglicherweise ist der Anteil derjenigen, die zwar Arbeit haben, aber dennoch arm sind, recht hoch. Sich um diese „*working poor*" zu kümmern und sie zu organisieren, wird eine der wichtigsten Aufgaben von zivilgesellschaftlichen Organisationen sein. Diese Organisierung kann mehrere Facetten haben: zum einen die Organisation von Selbsthilfegruppen, die zu einer Verbesserung der Lebensumstände führen sollen; zum anderen die politische Organisation dieses Personenkreises, mit dem Ziel, entweder eine Veränderung in der Politik zu ermöglichen oder aber an die Verantwortung der Unternehmen zu appellieren bzw. Druck auf sie auszuüben.

d) Organisation von Genossenschaften

Genossenschaften waren vor allem im 19. Jahrhundert eine Organisation, mit der große Hoffnungen verbunden waren. Mit Hilfe genossenschaftlicher Organisation sollten wirtschaftlich schwache Existenzen auf eine sicherere Grundlage gestellt werden. Insbesondere die genossenschaftlich orientierte Kreditvergabe war hier als Hilfe für die Sicherung der Existenz von Landwirten, Handwerkern usw. gedacht. Daneben gab es die Produktiv-, Absatz- und Bezugsgenossenschaften. Die Leistungen erbrachten die Genossenschaften aus den Beiträgen ihrer Mitglieder; diese stellen der Genossenschaft das Kapital zur Verfügung, das zugleich auch die Haftungsgrundlage der Genossenschaft darstellt. Genossenschaften sind deshalb auf der einen Seite demokratisch organisierte Körperschaften, in denen nach dem Prinzip „eine Person – eine Stimme" entschieden wird und stellen so ein Element einer Wirtschaftsdemokratie dar; auf der anderen Seite lag der Erfolg der älteren Genossenschaften gerade darin, daß sie sich nicht als gemeinwirtschaftliches Korrektiv zur Marktwirtschaft verstanden, sondern sich ganz im Gegenteil auf die Märkte hin organisiert haben: Die Schaffung funktionsfähiger Märkte und der Auftritt als neue Wettbewerber war es, der den Genossenschaften und ihren Mitgliedern zu wirtschaftlichem Erfolg verhalf.

In gleicher Weise sollte die Wiederbelebung des Genossenschaftsgedankens von seiten zivilgesellschaftlicher Organisationen im Rahmen eines marktradikalen Szenarios nicht defensiv angegangen und als bloßer Schutz vor den Unbilden des Marktes verstanden werden. Diese neuen Genossenschaften müssen sich auf den Aufbau, den Ausbau und die Pflege von Märkten konzentrieren, d. h. auch als ernstzunehmende Wettbewerber auftreten. Dann besteht für die Genossenschaftsmitglieder eine Chance, ihre wirtschaftliche Existenz zu sichern und an der Erhöhung des Wohlstandes in einer marktradikalen Welt teilzunehmen.

e) Eingriffe in das Unternehmensgeschehen und Mobilisierung der Konsumentenmacht

Damit zivilgesellschaftliche Organisationen wie z. B. Umweltverbände die Erfüllung ihrer Ziele sicherstellen, ist es für sie möglicherweise auch erforderlich, als Störfaktoren gegenüber Unternehmen zu fungieren, eventuell auch mit spektakulären Aktionen, wie sie Greenpeace gegen Shell bei der geplanten Versenkung der Ölplattform Brent Spar durchgeführt hat; solche Aktionen werden in einem marktradikalen Szenario höchstwahrscheinlich zunehmen und an Bedeutung gewinnen, denn sie mobilisieren die Konsumentenmacht. Diese Konsumentenmacht stellt im marktradikalen Szenario den entscheidenden Hebel dar, um Veränderungen im Verhalten von Unternehmen zu bewirken. Das muß sich nicht nur auf Umweltfragen beziehen, sondern kann auch beim Vorliegen anderer Probleme fruchtbar gemacht werden, z. B. wenn ein Unternehmen auf Kinderarbeit in Entwicklungsländern zurückgreift oder gesundheitsschädliche Produktionsmethoden verwendet. Die Kaufentscheidung von Konsumenten kann zugleich als eine Art „Stimmzettel" verwendet werden, um Präferenzen und Wertvorstellungen zu weitergehenden Fragen als nur Preis und Qualität von Produkten zum Ausdruck zu bringen.

4.3 Marktradikale Literatur zur Globalisierung

Liest man die bisherige Darstellung des marktradikalen Szenarios und auch die Handlungsempfehlungen, die sich aus diesem Szenario für die einzelnen Akteure ableiten lassen, so läßt sich ein Großteil der Literatur, die zum Thema der Globalisierung erschienen ist, in diese Kategorie einordnen. Globalisierung wird in diesen Schriften als Phänomen verstanden, das den freien Märkten wieder zum Durchbruch verhilft, Regulierungen aller Art bedroht und deshalb eine fundamentale Herausforderung für die Gesellschaft darstellt. In dieser Hinsicht ist sich die „marktradikale" Literatur zur Globalisierung einig; daß auch andere Szenarien möglich sind, wird im Rahmen dieser Schriften kaum je diskutiert. Worin sie sich unterscheiden, ist die Bewertung des Phänomens „Globalisierung": Hier sind sowohl positive als auch negative Urteile zu finden.

Auf der positiven Seite der Urteile über Globalisierung fallen einem die recht zahlreichen Traktate und Analysen ein, die im allgemeinen gerne mit dem Etikett „neoliberal" versehen werden. Die entsprechenden Positionen finden sich z. B. in den *Zehn ordnungspolitischen Eckpunkten für die Erneuerung der Sozialen Marktwirtschaft*, die die Bertelsmann-Stiftung, die Ludwig-Erhard-Stiftung und die Heinz-Nixdorf-Stiftung 1997 vorgelegt haben. Zu den wichtigsten Vorschlägen gehören dabei:

- eine radikale Reform und Vereinfachung des Steuersystems; die Sätze sollen auf ein Niveau von unter 20 bis unter 40 % gesenkt werden;
- die Systeme der sozialen Sicherung sollen reformiert werden, so daß größere Wahlmöglichkeiten und mehr Eigenvorsorge resultieren;
- die Kosten für den Faktor Arbeit sollen begrenzt werden: Senkung der lohnbezogenen Beiträge für die Sozialversicherung, die durch eine Reform der Sozialversicherungssysteme möglich wird; Ankurbelung der Wirtschaft durch höhere Produktivität und beschäftigungsfreundliche Lohnpolitik; Deregulierung und Flexibilisierung der Arbeitsmärkte – letzteres ist nach Auffassung der Autoren Grundvoraussetzung für eine neue Beschäftigungsdynamik.

Der Ökonom Norbert Berthold plädiert in seiner Schrift *Der Sozialstaat im Zeitalter der Globalisierung* für eine weitgehende Öffnung aller Märkte und für den Systemwettbewerb; dadurch könnten ineffiziente Regulierungen beseitigt werden und trotzdem bliebe noch genügend Spielraum für eine effiziente Bereitstellung des Gutes „soziale Sicherheit". Die Globalisierung müsse als Chance begriffen werden, die ohnehin überfälligen Reformen des Sozialstaats in Angriff zu nehmen; und auch hier heißt die Richtung: Deregulierung und Flexibilisierung auf vielen Gebieten.

Ganz ähnliche Analysen finden sich in der Schrift des Kronberger Kreises, ein Zusammenschluß liberaler Wirtschaftsprofessoren, mit dem Titel *Globalisierter Wettbewerb: Schicksal und Chance* oder auch in der Aufsatzsammlung *Die Rolle des Staates in einer globalisierten Wirtschaft*, die der Kölner Ökonom und Mitglied des Sachverständigenrates Jürgen B. Donges herausgegeben hat. Überall geht es um den Wohlstandsgewinn, der durch die Globalisierung möglich ist – und um diesen zu realisieren, sei es erforderlich, die erforderlichen Reformen in Richtung Deregulierung durchzuführen. Die Analysen dienen, in den Worten Donges', auch dazu, „darauf hinzuwirken, in der Gesellschaft emotionalen Widerstand gegen Offenheit der Märkte abzubauen".

Auf der negativen Seite der marktradikalen Globalisierungsliteratur lassen sich ebenfalls zahlreiche Bücher finden, am bekanntesten sind wahrscheinlich zwei: *Die Globalisierungsfalle* von Hans-Peter Martin und Harald Schumann und das Buch *Endstation Globalisierung: Der Kapitalismus frißt seine Kinder* (engl.: *One World ready or not: The Manic Logic of Capitalism*) des amerikanischen Journalisten William Greider.

Martin und Schumann malen die Globalisierung in den schwärzesten Farben: eine immer weiter steigende Arbeitslosigkeit aufgrund von Produktionsverlagerungen und Rationalisierungen – es drohe die 20:80-Gesellschaft, in der nur noch 20 % gebraucht würden, die restlichen 80 % irgendwie bei Laune gehalten werden müßten; das globale Kapital hebelt die Demokratie aus, da es sich aufgrund seiner Mobilität der Besteuerung vollständig entziehen könne; Unternehmen erpressen mit der Drohung von Standortverlagerungen die Verringerung von Sozial- und Umweltstandards; kurz: es droht eine allgemeine Verelendung, vergrößerte Ungleichheit, ein „Angriff auf Demokratie und Wohlstand", wie der Untertitel des Buches lautet. Man bleibt nach der Lektüre des Buches etwas verwirrt zurück, weil sich die verschiedenen Puzzleteile, die die Autoren zusammentragen, nicht so recht zu einem stimmigen Bild zusammenfügen lassen, aber im groben ist der Eindruck, den die Autoren hinterlassen (wollen): die Globalisierung – bei ihnen gleichbedeutend mit Manchester-Kapitalismus, deregulierten Arbeits- und Kapitalmärkten, Armut von vielen und Reichtum von wenigen – ist eine gefährliche Sackgasse; er ist gefährlich für den sozialen Frieden und die Demokratie. Am Ende ihres Buches nennen sie „zehn Ideen gegen die 20:80-Gesellschaft":

- eine demokratisierte und handlungsfähige EU;
- Stärkung und Europäisierung der Bürgergesellschaft;
- Europäische Währungsunion;
- Ausdehnung der EU-Gesetzgebung auf die Besteuerung;
- Erhebung einer Umsatzsteuer auf den Devisenhandel (Tobin-Tax) und auf Euro-Kredite an nichteuropäische Banken;
- Soziale und ökologische Mindeststandards für den Welthandel;
- eine europaweite ökologische Steuerreform;
- Einführung einer europäischen Luxussteuer;
- Europäische Gewerkschaften;
- Stopp der Deregulierung ohne sozialen Flankenschutz.

Die Ideen laufen alle auf eine Regulierung und Kanalisierung der globalen Entwicklungen hinaus und stellen so etwas wie Reparaturvorschläge dar, mit denen die Globalisierung zwar nicht verhindert, aber ihre negativen Begleiterscheinungen eingedämmt werden können.

William Greider schildert in seinem Buch ähnliche Befürchtungen über die Auswirkungen der Globalisierung: „Er skizziert das Drama eines international unkontrollierten Wirtschaftssystems, das an den Rand des Kollapses gelangt ist: der Wert der Arbeit sinkt weiter, da bei wachsender Produktivität dank des Mikrochips immer weniger Menschen beteiligt sind. Die Investoren verlagern Kapazitäten in Billiglohnländer, wo es in der Folge zu Landflucht, Verelendung und Kaufkraftverlust bei gleichzeitigem Wirtschaftsaufschwung kommt. Die wirtschaftliche Revolution ermöglicht durch ihre neuen Technologien zwar den plötzlichen Sprung in die Moderne, fördert aber paradoxerweise gleichzeitig die Ausbeutung der Schwachen. So schafft sie die Voraussetzungen für ihren eigenen Zusammenbruch. Der weltweite Wettbewerb um Fabriken, Arbeitsplätze und Absatzmärkte drückt Preise und Löhne, spekulative Währungs- und Kapitalbewegungen resultieren in Börsenkrächen; Innovationen und die Industrialisierung der Dritten Welt führen zu einer gigantischen Überproduktion – das Gleichgewicht zwischen Angebot und Nachfrage ist nachhaltig gestört, woran auch neue Märkte nichts ändern können.“ (Klappentext).

Der amerikanische Ökonom Paul Krugman hat darauf hingewiesen, daß Greider höchstwahrscheinlich bei seiner zentralen These dem Trugschluß der Verallgemeinerung anheimgefallen ist:[2] Aus seiner Beobachtung, daß in vielen Branchen Produktivitäts- und Produktionssteigerungen bei abnehmender Beschäftigung zu beobachten sind, zog Greider – fälschlicherweise – den Schluß, es müsse auch in der Gesamtwirtschaft zu einer Überproduktion kommen, die zu einer Krise bzw. einem Zusammenbruch des Wirtschaftssystems führen müsse.

Doch unabhängig davon, wie man Greiders These sachlich beurteilt, auch bei ihm bleibt der Eindruck, daß die Globalisierung – die auch bei ihm einen marktradikalen Charakter hat – Nachteile für alle bedeutet. Mit Rezepten gegen diese Krise ist Greider vorsichtig; er hat nach eigener Aussage auch keine wirkliche Lösung parat, skizziert aber einige Vorschläge: eine Zusammenarbeit übernationaler Organisationen und nationaler Regierungen, den Zusammenschluß der einflußreichsten Märkte, Androhung von Zollschranken zur Einhaltung sozialer Mindeststandards, Schuldenerlaß für die Länder der Dritten Welt, Reformierung der Rolle der Zentralbanken und Stärkung der nationalen Regierungen.

Alle Stimmen zur Globalisierung, die in diesem Abschnitt dargestellt worden sind, stellen den Markt in das Zentrum ihrer Überlegungen sowie seine positiven oder negativen Wirkungen. Vom Staat und der Politik erhoffen sie sich relativ wenig. Dies ist im nun folgenden Szenario anders: Dort steht die hoheitliche Politik im Zentrum der Überlegungen.

---

[2] Vgl. Krugman, P.: The Accidental Theorist and Other Dispatches from the Dismal Science. New York London: Norton (1998), S. 18 ff.

5 Das etatistische Szenario

Etwas mürrisch hält Regierungsrat Günther N. den Bescheid von der Bundesversicherungsanstalt in der Hand: Sein Antrag auf Befreiung von der Pflicht, in die gesetzliche Rentenversicherung einzubezahlen, ist – erwartungsgemäß – abgelehnt worden. So wie er, haben noch manch andere Beamte versucht, sich dem Einbezug in die reformierte gesetzliche Rentenversicherung zu entziehen, aber auch die geballte Lobbyistenmacht des Beamtenbundes konnte nicht verhindern, daß die Rentenversicherung nun alle Bevölkerungskreise einbezog: nicht nur Arbeiter und Angestellte, sondern auch Beamte, Freiberufler und selbständige Unternehmer.

Seit sich die Politik in einer großen Kehrtwende gegen die Fortführung einer neoliberalen Politik entschieden hat und den gesamten Steuer- und Sozialstaat reformiert hat, ist dieser zwar intelligenter organisiert, aber auch engmaschiger geworden – kaum jemandem ist es möglich, sich den entsprechenden abgabenmäßigen Verpflichtungen zu entziehen. Günthers Schwester Angelika R., die die väterliche Firma übernommen hatte und mit der er gestern abend bei einem Glas Wein zusammengesessen ist, hat bei dieser Gelegenheit wieder einmal kräftig gegen den ausufernden Sozialstaat und seine Abgabenlast gewettert; insbesondere die Tatsache, daß durch entsprechende internationale Zusammenarbeit die wichtigsten – wenn auch nicht alle – Steuerschlupflöcher geschlossen werden konnten, wurmt sie heftig. In früheren Jahren hatte Angelika nämlich die vielfältigen Möglichkeiten der Steuerersparnis, die sich für findige und mobile Unternehmen ergeben hatten, kräftig genutzt: eine Finanzierungsgesellschaft in Belgien, steuerbegünstigte Produktionsanlagen in Irland usw. Auch jetzt lohnen sich internationale Preis- und Kostenvergleiche – und sind wegen des immer noch harten weltweiten Wettbewerbs eine Notwendigkeit –, aber der ungeregelte Steuerwettbewerb erwies sich zwar für das einzelne Unternehmen als vorteilhaft, für die Länder insgesamt aber als ruinös, so daß sich die Staatengemeinschaft zu Harmonisierungen durchringen konnte. Angelika regt sich immer wieder einmal darüber auf.

Aber Günther weiß, daß derartige Aufregungen bei ihr nichts Besonderes sind: Die Klage ist der Gruß der Kaufleute. Insgeheim ist Angelika nämlich ausgesprochen froh über den funktionierenden Sozialstaat, hat er es doch ihrem Sohn Konstantin ermöglicht, endlich auf eigenen Beinen zu stehen. Da Konstantin anfangs weder besonderen schulischen noch unternehmerischen Ehrgeiz entwickelte, drohte er schon auf der Straße zu landen – denn trotz Sozialstaat waren die rasanten Veränderungen im Wirtschaft und Gesellschaft und der globale Wettbewerb nach wie vor existent und wirkmächtig und forderten die Bereitschaft zu Mobilität, Flexibilität und lebenslangem Lernen; aber die seit einiger Zeit bestehenden Möglichkeiten der Lohnsubventionierung verschafften Konstantin doch noch eine Stelle in der inzwischen boomenden Dienstleistungsbranche. Inzwischen hat er auch eines der zahlreichen Weiterbildungsangebote wahrgenommen und scheint an seinem sozialen Aufstieg zu arbeiten...

5.1 Die Gesellschaft im etatistischen Szenario

5.1.1 Die etatistische Welt im allgemeinen: Soziale Sicherung und internationale Kooperation

Auch im etatistischen Szenario wirkte die Globalisierung in Richtung eines verschärften Wettbewerbs; in vieler Hinsicht waren die überkommenen Möglichkeiten staatlicher Steuerung nicht so ohne weiteres anzuwenden; hieraus wurden jedoch andere Konsequenzen gezogen.

Während im marktradikalen Szenario eine „Flucht nach vorne" angetreten wurde und staatliche Regulierungen weitgehend abgebaut wurden, zog man im etatistischen Szenario die nahezu entgegengesetzte Schlußfolgerung: Zwar machte die Globalisierung bestimmte Arten staatlichen Eingreifens schwierig, auf der anderen Seite gelangte man allgemein zu der Überzeugung, daß gerade aufgrund der Globalisierung und der durch sie induzierten Änderungen und Vergrößerungen der Ungleichheiten staatliches Handeln angezeigt ist und sogar noch wichtiger geworden ist als vorher. Die Akteure im etatistischen Szenario sind nicht davon überzeugt, daß ein hoher Beschäftigungsstand, soziale Sicherung und Umweltschutz allein durch den Marktmechanismus erreicht werden können. Darüber hinaus besteht die zentrale Annahme des Etatismus darin, daß es viele wichtige und wohlfahrtssteigernde Leistungen und Güter gibt, die nicht über den Markt erstellt werden können; ebensowenig ist in einer modernen und damit auch anonymen Großgesellschaft zu erwarten, daß diese Güter durch freiwilliges Handeln gesellschaftlicher Gruppen erstellt werden können. Die meisten dieser öffentlichen Güter und Leistungen sind nur durch staatliches, d. h. obligatorisches kollektives Handeln zu erstellen.

Vor allem spielt im etatistischen Szenario die Sozialpolitik eine wichtige Rolle: Deutschland blieb ein leistungsfähiger Wohlfahrtsstaat, denn nur durch die staatliche Abfederung und Sozialisierung individueller Anpassungslasten war es möglich, die mit der wirtschaftlichen Globalisierung verbundenen Chancen sozialverträglich ausnutzen zu können. Die sich im Zuge der Globalisierung ändernden gesellschaftlichen Rahmenbedingungen bedingten jedoch ein neues, an die sich geänderten und ändernden sozioökonomischen Verhältnisse angepaßtes wohlfahrtsstaatliches Engagement. Die etatistische Politik vermied steigende Abgaben- und Staatsquoten und staatliche Überbetreuung des Einzelnen, indem eine stärkere Abstimmung und Verzahnung der verschiedenen Politikfelder im Hinblick auf das übergeordnete Ziel „Annäherung der individuellen Startchancen und Partizipationsmöglichkeiten" erfolgte. Das Ziel wohlfahrtsstaatlicher Politik besteht jetzt vor allem darin, für eine weitestgehende Chancengleichheit und Selbstbestimmung der Individuen zu sorgen. Diese den Wohlfahrtsstaat konstituierende Idee der Selbstbestimmung und eine stärkere Betonung der individuellen Entscheidungsautonomie führte weg von der Ergebnisgerechtigkeit und Einzelfallgerechtigkeit des alten Sozialstaates und hin zum modernen Gedanken der Verfahrensgerechtigkeit. Konkret bedeutete dies eine Hinwendung zu klaren institutionellen Vorgaben, die jedem Wirtschaftssubjekt ausgehend von seiner jeweiligen Position ein Höchstmaß an institutioneller Gleichbehandlung bzw. Chancengleichheit einräumen. Dabei steht im Zentrum der etatistischen Sozialpolitik eine Verbesserung der Erwerbschancen, da bezahlte Erwerbsarbeit in modernen, ökonomisch konditionierten Gesellschaften immer noch als das beste Mittel angesehen wird, die individuellen Partizipationschancen zu stabilisieren und zu verbessern.

Die zentralen Instrumente staatlicher Politik im etatistischen Szenario waren und sind „Geld" (eingesetzt im Rahmen der Geld- und Fiskalpolitik) sowie Ge- und Verbote. Die zentrale Instanz ist dabei weiterhin der Nationalstaat. Dabei wurde nicht verkannt, daß nationale Alleingänge im Zeitalter der Globalisierung schwierig bis unmöglich geworden sind, das bedeutete jedoch nicht, daß die Nationalstaaten auf einmal ihre Bedeutung verloren. Denn es waren zwar auf der übernationalen Ebene sowohl die Handlungsnotwendigkeiten als auch die Handlungsmöglichkeiten größer geworden, aber auch auf dieser Ebene blieben die Nationalstaaten die dominanten Akteure; alle internationalen Verträge und Organisationen beruhen auf Vereinbarungen zwischen Nationalstaaten, deren Interessen diese Verträge und Organisationen dominieren. Die Staaten nutzen inzwischen sehr viel stärker die Möglichkeiten der gegenseitigen Koordination ihrer Politiken und bilden oft (temporäre) „strategische Allianzen", um bestimmte Reformvorhaben international abzusichern.

Zwei Ebenen haben dabei vor allem an Bedeutung gewonnen:

(1) Europäische Ebene: Die EU stellt das am weitesten entwickelte regionale Kooperations- und Integrationsprojekt dar. Durch internationale institutionalisierte Zusammenarbeit gewannen die europäischen Staaten teilweise verlorengegangene Handlungsspielräume zurück. Der Standortwettbewerb um mobile Produktionsfaktoren konnte begrenzt werden durch die Koordinierung der Wirtschaftspolitik der EU-Mitgliedsstaaten, durch eine europaweit harmonisierte Unternehmens- und Kapitalbesteuerung, durch wieder eingeführte Kapitalverkehrskontrollen sowie durch die Festlegung von europäischen Mindestlohn- und Sozialstandards. Der Verzicht auf rechtliche nationale Souveränität, die faktisch ohnehin eingeschränkt war, wurde zum Ansatz, etatistische Handlungsfähigkeit im Zeitalter der Globalisierung zu bewahren.

(2) Internationale Ebene: Auf der internationalen Ebene gab und gibt es vielfältige Regulationsbemühungen etwa der G8, der WTO, der Weltbank oder des IWF. Auch ihnen kommt die Aufgabe zu, als Surrogat für die fehlende Selbstbindung der Märkte einen Ordnungsrahmen zu setzen, der die internationalen Marktprozesse kanalisiert. Die Willensbildung in den internationalen Organisationen wird durch Verhandlungsprozesse zwischen nationalstaatlichen Regierungen determiniert. Das Spektrum der Vereinbarungen reicht von freiwilligen Übereinkommen bis zu verbindlichen Regelungen. Bezüglich verbindlicher Wettbewerbs- und Investitionsregeln, aber auch im Bereich von Umweltstandards stand die 1994 gegründete Welthandelsorganisation WTO, die Nachfolgeorganisation des allgemeinen Handelsabkommens (GATT), im Mittelpunkt des Interesses, nicht zuletzt, weil sie mit ihrem ausgebildeten Streitschlichtungsverfahren und der Möglichkeit zu Handelssanktionen ein beachtliches Machtpotential besaß. Dieses Machtpoten-

tial wurde sukzessive ausgebaut: Sie hat heute die Legitimation zur Festlegung und Kontrolle verbindlicher Sozial- und Umweltstandards.

Durch den Ausbau dieser internationalen Koordination konnten wesentliche Beschränkungen, die einer erfolgreichen nationalstaatlichen etatistischen Politik entgegenstanden, zum Teil beseitigt, zumindest aber gelockert werden:

- der Staat hatte aufgrund der erhöhten Koordination wieder eine bessere Einflußmöglichkeit auf mobile Faktoren, insbesondere das Kapital, das sich früher immer mehr der Besteuerung entzogen hatte. Durch das Schließen der wichtigsten Steuerschlupflöcher konnte das Kapital wieder vermehrt zur Besteuerung herangezogen werden; nach wie vor blieben aber einzelne Steueroasen bestehen. Zumindest waren aber die wichtigsten Unterschiede in den nationalen Steuergesetzen, die von den Unternehmen ausgenutzt werden konnten, beseitigt;
- die Koordination erleichterte die Lösung grenzüberschreitender Umweltprobleme, z. B. in den Bereichen Umweltschutz, Friedenssicherung und Kriminalitätsbekämpfung.

In der Zusammenschau betrachtet bietet das etatistische Szenario den Mitgliedern der Gesellschaft ein großes Maß an sozialer und materieller Sicherheit sowie individueller Entwicklungsmöglichkeiten.

Auch in der etatistisch geprägten Welt haben sich Individualismus, Leistungs- und Konkurrenzdenken als Folge der Globalisierung der Wirtschaft durchgesetzt, ebenso der Wunsch nach Partizipation an den vielfältigen Verheißungen der medial vermittelten Erlebnis- und Konsumwelt. Allerdings geschah das nur in abgeschwächter Form, schließlich bot die etatistisch gesteuerte Gesellschaft dem Individuum ein soziales Umfeld, welches weitgehend von sozialer Gerechtigkeit und gesellschaftlichem Frieden geprägt ist.

Mit der sozialen Grundsicherung wurde ein Freiraum für die Lebensgestaltung geschaffen, der dem Individuum viele Entwicklungsperspektiven bietet. Aufgrund der nach wie vor bestehenden Regelungsdichte und den obrigkeitsstaatlichen Anforderungen an die staatsbürgerliche Pflichterfüllung und Loyalität sind im Etatismus allerdings vergleichsweise wenige Nischen und Alternativwege möglich.

Die ergriffenen Maßnahmen im Bereich der Beschäftigungspolitik konnten besonders eklatante Fälle von Einkommensungleichheit mildern; jedoch war es nicht möglich, eine gewisse Zunahme der sozialen Ungleichheit völlig zu verhindern. Die veränderte Branchenstruktur und die staatlich initiierte Arbeitsmarkt-Flexibilisierung beförderten einen wirtschaftlichen Strukturwandel (Gründung von Zeitarbeitsfirmen, Out-Sourcing, damit Abbau der Kernbelegschaften und Entstehung prekärer Arbeitsverhältnisse) und führten zu Einkommenseinbußen in den unteren Segmenten der Einkommensbezieher. Dagegen konnte vor allem das bestverdienende Fünftel aufgrund der verbesserten Standortbedingungen etwa für die Dienstleistungsbranche und der daraus resultierenden Nachfrage nach qualifizierten Beschäftigten deutlich zulegen. Ohne etatistische Gegensteuerung wären die sozialen Folgen aber noch härter ausgefallen.

Die weitere Entwicklung ist daher mit Unsicherheiten behaftet: Für untere und mittlere Einkommensschichten könnte es bei ungünstiger wirtschaftlicher Entwicklung naheliegen, auf strengere Einwanderungskontrollen und eine Absenkung des Grundeinkommenssicherungsniveaus zu drängen, um ihre Wettbewerbsposition auf dem Arbeitsmarkt zu verbessern und somit die individuelle Motivation für die Beschäftigungsaufnahme zu erhöhen und zugleich die finanziellen Belastungen zu reduzieren, die ja von allen Bürgern aufgebracht werden müssen.

Letztlich könnte mit einer derartigen Entwicklung zugleich die Bereitschaft untergraben werden, staatliche Institutionen anzuerkennen, Kosten und Lasten für die Allgemeinheit zu tragen und über Transferzahlungen finanziell schwächer gestellte Bevölkerungsteile zu alimentieren. Die Gefahr, die hierin liegt, besteht darin, daß die Höhe des staatlich garantierten Grundeinkommens politisch bestimmt wird und somit wie schon in der Vergangenheit wechselnde politische Verhältnisse erneut zum Entstehen von Armut führen können. Eine derartige Entwicklung könnte die sozialen Sicherungssysteme des Etatismus erneut vor eine Belastungsprobe stellen.

Als eine Schwäche, aber zugleich auch als ein Stabilitätsfaktor des etatistischen Systems stellte sich der umfassende Zeitbedarf staatlicher Steuerung heraus, der sich insbesondere auf der Makroebene durch die hierarchische Organisation ergibt. Einerseits sind schnelle Reaktionszeiten angesichts der immer komplexeren und dynamischeren Umweltbedingungen erwünscht, andererseits müssen die staatlichen Funktionen der Qualitätssicherung und Kontrolle gewährleistet sein.

Neben dem Zeitbedarf für Problemerkennung und -diagnose sowie für (normale) administrative Verzögerungen ist der zeitintensive Prozeß bis zur parlamentarischen Verabschiedung von Regierungsvorhaben Ursache für den hohen Zeitbedarf etatistischer Steuerung. Die Reaktionszeiten etatistischer Steuerung konnten aber durch Einhaltung des Subsidiaritätsprinzips, möglichst umfassende Selbstverwaltung und eine professionelle Politik gepaart mit effizienten behördlichen Abläufen reduziert werden.

Bestehen – und unbeeinflußbar durch Reformbemühungen – bleibt die Problematik langer Wirkungsfristen. Denn abgesehen von wenigen Instrumenten, die ihre Wirkungen sofort entfalteten (z.B. eine Mehrwertsteuererhöhung), haben die meisten fiskalischen und besonders die geldpolitischen Steuerungsinstrumente relativ lange Wirkungsfristen. Zwei Jahre markieren hier eher die Untergrenze, wobei bei angebotspolitischen Maßnahmen von noch längeren Zeiträumen auszugehen ist. Diese Langfristigkeit bedingt hier eine Prognose- und Implementationsproblematik im Rahmen der etatistischen Steuerung.

5.1.2
Arbeitslosigkeit, Alterssicherung und Umweltschutz

Die Handlungsoptionen des Nationalstaates haben sich unter den veränderten Bedingungen der Globalisierung zwar reduziert, jedoch konnten auch eine ganze Reihe staatlicher Regelungen ohne ökonomische Risiken aufrecht erhalten oder sogar in ihrer Dichte intensiviert werden. Dabei wurden die Instrumente des Staates teilweise neu ausgerichtet, um unter veränderten Rahmenbedingungen die Effektivität des Instrumenteneinsatzes zu erhöhen und den gesellschaftlichen Zielen staatlichen Handelns gerecht zu werden.

5.1.2.1 Arbeitslosigkeit: Negative Einkommensteuer und Weiterbildung

Dreh- und Angelpunkt der etatistischen Politik war und ist, das Volumen an bezahlter Erwerbsarbeit in der Gesellschaft durch adäquate staatliche Maßnahmen zu erhöhen. Demgegenüber waren Maßnahmen, die die Umverteilung der Arbeit durch Arbeitszeitverkürzung angestrebt haben, eher nachrangig.

Erfolgreich waren dabei insbesondere die *preisorientierten Maßnahmen*. Preisorientierte Maßnahmen sollten im Gegensatz zur mengenorientierten Arbeitsmarktpolitik über die Beeinflussung des Lohnes bzw. der Arbeitskosten zu mehr Beschäftigung führen. Für diese Strategie, die explizit auf den ersten Arbeitsmarkt ausgerichtet war, wurde nach langer Diskussion eine negative Einkommensteuer eingeführt. Dabei wird das Arbeitseinkommen über die Lohn- und Einkommensteuer indirekt bezuschußt. Damit konnten mehrere Ziele gleichzeitig erreicht werden: Denn die negative Einkommensteuer schlug eine Brücke zur Steuerpolitik und trug zur Erhöhung der Transparenz und zur Verringerung spezifischer Reibungsverluste zwischen dem Steuer- und dem Transfersystem bei. Ziel dieser Maßnahme waren vor allem die immer schwerer vermittelbaren Langzeitarbeitslosen: für sie ging es weniger um wissensintensive Beschäftigungen als vielmehr um personengebundene Dienstleistungen. Die Nachfrage nach diesen Dienstleistungen war zwar bereits latent vorhanden, wurde jedoch bislang kaum realisiert: Die Nachfrage ist stark preisabhängig, daher waren diese Leistungen in der Vergangenheit meist schlicht zu teuer. Eine aufgrund der Subventionierung mögliche Aufspreizung des Lohnfächers nach unten führte hier zu einer größeren Nachfragestabilität und in der Folge zu mehr Beschäftigung. Eindrucksvoll wurden die Ergebnisse einer älteren Studie bestätigt: Die niedrigeren Löhne in Verbindung mit einer Existenzsicherung durch das Mindesteinkommen via negativer Einkommensteuer ergaben eine zusätzliche Beschäftigung im Niedriglohnbereich von knapp 2,5 Mio. Personen.

Im Zuge preisorientierter arbeitsmarktpolitischer Maßnahmen wurden ganz neue Betätigungsfelder geschaffen, für die keine tarifpolitischen Regelungen existierten. Hinzu kam, daß die Interpretation von Tariflöhnen als Mindestlöhne relativiert wurde. Um die Möglichkeit sittenwidriger Löhne auszuschalten, wurden von staatlicher Seite ergänzend zu den Lohnsubventionen auch gesetzliche Mindestlöhne festgelegt.

Für einige Branchen und Unternehmen konnte die Wettbewerbsposition durch die ergriffenen Maßnahmen der preisorientierten Beschäftigungspolitik dermaßen verbessert werden, daß es zu (ausländischen Direkt-)Investitionen mit erheblichen Beschäftigungsimpulsen kam. Dies betraf auch Dienstleistungsbranchen, die auf direkte oder indirekte Weise von Billigarbeitskräften abhängig sind (z.B. Hotel- und Messewesen).

Zugute kam die negative Einkommensteuer auch den Trägern von Arbeit im Dienste der Gesellschaft, also jegliche soziale, kulturelle, pädagogische, künstlerische oder auf Integration abzielende Tätigkeit. Träger, die in diesem Bereich tätig sind, konnten – entlastet durch die Lohnsubvention – in starkem Maße attraktive Arbeitsplätze, vor allem in der Teilzeit, schaffen. Dies entfaltete neben der Wirkung auf dem Arbeitsmarkt bedeutende gesellschaftspolitische Nebenwirkungen etwa im Bereich der Integration von Zuwanderern, der Kinder- und Familienpolitik oder der Nachbarschaftshilfe. Individuen konnten entweder zusätzlich zu ihrer „normalen" beruflichen Tätigkeit oder auch als Hauptbeschäftigung im Bereich der Gesellschaftsarbeit eine befriedigende, Sinn gebende Tätigkeit finden, die das Gemeinwesen festigte und soziale oder ökologische Mißstände auf kleinräumiger Basis abfedern half.

Fallbeispiel: Die negative Einkommensteuer in den USA
Die negative Einkommensteuer (Earned Income Tax Credit, EITC) wurde 1975 in den USA eingeführt und in den neunziger Jahren beträchtlich ausgedehnt. Unter dem EITC-Programm erhielt 1996 eine Familie mit zwei oder mehr Kindern für ein Jahreseinkommen bis zu $8.890 einen Zuschuß von 40 % zu ihrem Einkommen (bei $8.890 Jahreseinkommen also ein Maximum von $3.556). Dieser Maximalzuschuß von $3.556 bleibt bis zu einem Einkommen von $11.610 gleich und läuft bei noch höherem Einkommen sukzessive wieder aus – für jeden zusätzlich verdienten Dollar wird der Zuschuß wieder um 21 Cents gekürzt. Da der Zuschuß nicht in gleichem Maße verringert wird, wie der Arbeitnehmer mehr verdient, wird gewährleistet, daß der Arbeitnehmer durch Mehrarbeit in jedem Fall einen finanziellen Vorteil hat. Ab einem Einkommen von $28.495 wird kein Zuschuß mehr bezahlt.

Durch Ausbau des *Überbrückungsgeldes*, das Arbeitslose aus Mitteln der Arbeitslosenversicherung in Anspruch nehmen können, wenn sie sich zu einer Existenzgründung entschließen, wurde die Eigenverantwortung gestärkt, entstanden neue Arbeitsplätze, das Wachstum verstärkte sich. Auch hier bestätigten sich die Ergebnisse entsprechender Studien: 70 % der Geförderten waren drei Jahre nach der Existenzgründung immer noch selbständig und darüber hinaus kam auf jeden Selbständigen im Durchschnitt ein Angestellter. Weitere 12 % waren zwischenzeitlich in eine sozialversicherungspflichtige Beschäftigung gewechselt und nur 11 % waren wieder arbeitslos.

Trotz der Dominanz preisorientierter Maßnahmen griff man auch auf das Instrument der *Arbeitszeitverkürzung* zurück, wie es schon zuvor in Holland, Dänemark und Schweden erfolgreich praktiziert worden ist. Gegenüber einer generellen Verkürzung von Wochen- und Lebensarbeitszeit wurde allerdings der Schwerpunkt auf den Ausbau der Teilzeitarbeit ohne Lohnausgleich gelegt. Die Erfahrungen der Holländer, Dänen und Schweden, die durch derartige Maßnahmen ihre Arbeitslosenquote um die Hälfte bzw. um ein Drittel senken konnten, wiederholten sich. Wie in diesen Ländern waren damit aber auch hier Einkommensverluste verbunden. Mit der Kombination aus Lohnzurückhaltung, Arbeitszeitverkürzung und Arbeitsumverteilung durch den Ausbau von Teilzeitarbeit und durch Flexibilisierung der Arbeitsbeziehungen und Arbeitszeiten wurde das Lohnkosten- und Flexibilisierungsargument der Unternehmer ebenso berücksichtigt wie die Forderung nach Arbeitsumverteilung. Es zeigte sich, daß die Umverteilung der Arbeit die Zahl der Arbeitsplätze positiv beeinflußt. Das Instrument einer forcierten Arbeitszeitverkürzung bzw. Umverteilung von Arbeit hat wirksam vor allem dort gegriffen, wo keine Mis-Match-Arbeitslosigkeit vorlag (also eine Arbeitslosigkeit, die darauf zurückzuführen ist, daß die Arbeitsuchenden nicht über die erforderlichen Qualifikationen verfügen, die von den potentiellen Arbeitgebern gefordet werden), d.h. insbesondere im Bereich personengebundener Dienstleistungen.

Um die Zahl der Arbeitslosen auf ein gesellschaftlich als erträglich angesehenes Maß zu reduzieren, wurden die Maßnahmen zur Förderung des Wirtschaftswachstums und der Beschäftigungsausweitung und eine auf Umverteilung des Arbeitsvolumens gerichtete Arbeitszeitpolitik durch eine *aktive Arbeitsmarktpolitik* flankiert, die erstens die Voraussetzungen dafür schafft, daß die potentiellen Beschäftigungschancen auch tatsächlich genutzt werden können, und die zweitens dem Prozeß der Strukturierung der Arbeitslosigkeit, d.h. ihrer zunehmenden und weitgehend irreversiblen Konzentration auf die Problemregionen und Problemgruppen des Arbeitsmarktes, entgegenwirkt.

Wissen und Information werden als die wichtigsten Wachstumsfaktoren angesehen. Angesichts verkürzter Produktlebenszyklen und eines verschärften globalen Wettbewerbs, der von Unternehmen permanente Innovationen zum Erhalt ihrer Wettbewerbsfähigkeit abverlangt, sind Wissen und Information ein knappes und damit tendenziell höher bewertetes Gut. Um für die „Wissensgesellschaft“ Innovationsfähigkeit und exzellente Wissensbasen zur Sicherung von Wachstum und Beschäftigung zu schaffen, ist die Förderung des Humankapitals, d. h. der Kenntnisse und Fähigkeiten der Erwerbstätigen, von zentraler Bedeutung. Dem Angebot von Qualifizierungsmaßnahmen kam daher im Rahmen etatistischer Beschäftigungspolitik höchste Priorität zu. Einen Kostenwettlauf wollte die etatistische Politik nicht aufnehmen, daher fokussierte sie ihre Anstrengungen dahingehend, Spitzentechnologieprodukte zu fördern, die noch keinem harten Preiswettbewerb ausgesetzt waren. So sollten die Produktivitätsvorsprünge gesichert werden, die notwendig waren, um die Position eines Hochlohnlandes zu halten. Dabei ging es in erster Linie um die Förderung von Produktinnovationen. Da diese unmittelbar vom Humankapital, d.h. den Kenntnissen und Fähigkeiten der Erwerbstätigen, abhängen, wurden eine gezielte *Wissenschaftsförderung, Ausbildungsförderung und Weiterbildungspolitik* als wesentliche Instrumente zur Sicherung der Beschäftigung und des materiellen Wohlstandes eingesetzt.

Durch Forcierung des dienstleistungsorientierten Strukturwandels entstanden laufend Arbeitsplätze mit hohen Qualifikationsanforderungen, unter anderem im Medien- und Kommunikationssektor, im Gesundheitssektor und im Bildungssektor.

Die etatistische Politik entschloß sich außerdem dazu, nicht allein auf den Wettbewerb zwischen Unternehmen, unkonditionierten Freihandel und einen lediglich regelsetzenden und -überwachenden Staat zu vertrauen, sondern aktiv Standort- und Wettbewerbsvorteile zu schaffen. Dies geschah aus der Überzeugung heraus, daß eine hochleistungsfähige industrielle Basis, die eine moderne Infrastruktur voraussetzt, zur Wohlstands- und Beschäftigungssicherung unverzichtbar bleibt, da die wertschöpfungsintensiven Dienstleistungen immer unternehmensbezogene Dienstleistungen sind. Deshalb kam einer komplementären Wettbewerbs- und Innovationspolitik bei der Gestaltung der Wirtschaftsstrukturen besondere Bedeutung zu. Entsprechend des Vertrages von Maastricht wurden die Erleichterung der Anpassung der Industrie an strukturelle Veränderungen, die Förderung eines für Unternehmen günstigen Umfeldes sowie der Zusammenarbeit zwischen einzelnen Unternehmen und die Förderung einer besseren Nutzung des industriellen Potentials der Politik in den Bereichen Innovation, Forschung und technologische Entwicklung als konkrete Ziele verfolgt. Forschungsförderung diente ebenso wie die Unterstützung des Zustandekommens risikoreicher Investitionen durch die Bildung kooperativer Arrangements dazu, den innovativen Prozeß in der Volkswirtschaft aufrecht zu erhalten. In vielen technologieintensiven Bereichen geht der Strukturwandel sehr schnell vonstatten, und die Produktzyklen sind so kurz geworden, daß der Markt von selbst das nötige Maß an Innovationen nicht mehr zur Verfügung stellt, weil Kosten und marktlich bewertetes Risiko zu hoch sind. Hier ist inzwischen anerkannt, daß in diesem Fall ein Marktversagen vorliegt: die Innovatoren in diesen Bereichen können ihre Gewinne nicht für sich allein nutzen, denn durch ihre Innovationen stellen sie auch anderen Firmen bzw. Nachahmern Wissen zur Verfügung, das diese nutzen können, ohne dafür zu bezahlen. Aufgrund solcher sog. spillover-Effekte kommt es in einem unregulierten Markt oft zu ungenügender Innovationstätigkeit. Der Staat versucht dem durch eine intelligente Innovationspolitik abzuhelfen, z. B. durch Forschungs- und Gründerzentren und eine stärkere Anbindung der universitären Forschung an die Industrie..

Schließlich wurde auch die *ökologische Steuerreform* beherzt in Angriff genommen: Die Umstellung des Steuersystems hin zu einer stärkeren Belastung von Energie und anderen Umweltgütern wurde verwirklicht, mittlerweile werden schon Pläne zur Abschaffung der Einkommensteuer und Ersatz durch eine Energie- und Ressourcensteuer diskutiert.

Diese Maßnahmen wirkten sich innerhalb der Wirtschaft allerdings unterschiedlich aus: So belasteten die Regelungen der ökologischen Steuerreform – insbesondere die stärkere Besteuerung des Ressourcenverbrauchs – die rohstoffverarbeitende Industrie, aber auch energieintensive Dienstleistungsbereiche, so daß ein Wettbewerbsnachteil gegenüber Unternehmen anderer Standorte spürbar wurde. Unternehmen, die nicht zumindest einen Teil ihres Geschäftsbereichs in Wirtschaftsregionen verlagerten, die nicht etatistisch gesteuert wurden, mußten auf dem Weltmarkt einen relativen, zum Teil auch absoluten Rückgang ihres Marktanteils hinnehmen, was im Extremfall zu Konkursen führte. Insgesamt konnten die Kompensationsleistungen des Staates nicht verhindern, daß es zu einem Abbau der Beschäftigung in diesen Bereichen kam.

In anderen Bereichen führte der Reformdruck, der aus der erzwungenen Berücksichtigung der Umweltbelastungen resultierte, im Zusammenwirken mit der komplementären Wettbewerbs- und Innovationspolitik des Staates zu einem starken Produktivitätsanstieg. Im Bereich der Umwelttechnologie, aber auch auf dem Gebiet ressourcensparender Produktionstechniken, kam es zu neuer Systemführerschaft mit entsprechenden Beschäftigungsimpulsen.

Auf der anderen Seite wurde durch die ökologische Steuerreform der Faktor Arbeit entlastet, was allen Branchen und Unternehmensgrößen gleichermaßen zugute kam. Vermittelt über die Verteuerung von Mobilität regionalisierte und lokalisierte sich die Wirtschaft verstärkt. Die Vorteile der Massenproduktion an einem Ort, die sich vor allem in geringeren Stückkosten zeigten (die sog. „economies of scale") gingen dadurch verloren, die Kapitalerträge gingen zurück; allerdings zog dies keine geschwächte Wettbewerbsposition im globalen Verhältnis nach sich: Eine geeignete staatliche Politik der interregionalen Kooperationsförderung hat ganz im Gegenteil dafür gesorgt, daß die verschiedenen Regionen in einen Innovationswettbewerb traten, der dem gesamten Standort nützte.

5.1.2.2 Alterssicherung: Evolution des Umlageverfahrens

In der etatistischen Welt kam es zu keiner Individualisierung der Absicherung gegen die ökonomischen Risiken, die aus Alter, Arbeitslosigkeit, Krankheit und Pflegebedürftigkeit resultieren. Statt dessen wurde z. B. das bestehende Alterssicherungssystem an die neuen Rahmenbedingungen angepaßt.

Angesichts der zahlreichen gravierenden Probleme, mit denen das Rentensystem konfrontiert war, fiel es leicht, dessen Zusammenbruch zu prognostizieren und ein völlig neues System zu propagieren. Sehr viel schwerer taten sich die Fundamentalkritiker aber, die fiskalischen und verteilungspolitischen Probleme eines Systemwechsels darzulegen. Sie verdrängten regelmäßig, daß die Probleme einer grundlegenden Systemumstellung noch größer waren als die mit der Sicherung des bestehenden Systems verbundenen Schwierigkeiten.

Jede Alterssicherung ist in ökonomischer Sicht immer eine Pumpstation, über die Teile der von den wirtschaftlich Aktiven erzeugten und erzielten Einkommen an die wirtschaftlich passive Altengeneration transferiert werden. Dieser Pumpmechanismus läßt sich grundsätzlich nach zwei Prinzipien konstruieren: dem Umlageverfahren und dem Kapitaldeckungsverfahren. Das Umlageverfahren, nach dem die deutschen Sozialrenten finanziert werden, vertraut auf die Stabilität der Lohn- bzw. Erwerbseinkommen. Das Kapitaldeckungsverfahren, das Finanzierungsprinzip etwa der Versicherungswirtschaft, vertraut auf Stabilität der nationalen und internationalen Kapital- und Immobilienmärkte.

Jedes dieser Verfahren hat spezifische Vor- und Nachteile und reagiert anders auf wirtschaftliche und demographische Veränderungen. Nicht zuletzt aus Gründen der Risikobegrenzung setzte sich deshalb die Überzeugung durch, daß ein „gutes“ Alterssicherungssystem nie auf nur ein Finanzierungsprinzip vertrauen, sondern immer aus einer ausgewogenen Mischung bestehen sollte.

Aus diesem Grunde bestand die Reform des Alterssicherungssystems nicht in einer „Substitution“, sondern einer „Evolution“ des bestehenden Systems. Diese Evolution umfaßte drei Elemente:

1. Sparen, d.h. gewisse Leistungsrücknahmen mit dem Ziel einer Erhöhung der Gerechtigkeit zwischen den Generationen,
2. einnahmeseitige Stabilisierung durch eine Ausweitung des Versichertenkreises und
3. Verstärkung der kapitalfundierten Kofinanzierung.

Hier setzte sich die Überzeugung durch, daß im Umlageverfahren auch Vollbeschäftigung die „ungerechten“ Verteilungswirkungen zwischen den Generationen als Folge der Alterung der Bevölkerung nicht beseitigen, sondern allenfalls erträglicher machen kann. Das Altern der deutschen Wohnbevölkerung war irreversibel, die damit verbundenen realen Belastungen, die unsere Gesellschaft tragen muß, waren nach allgemeiner Ansicht auch nicht durch ein alternatives Finanzierungsverfahren zu verhindern. Da nicht die gesamten Kosten der aus der Steigerung der Lebenserwartung und dem Rückgang der Geburten resultierenden Alterung ausschließlich der jüngeren Generation angelastet werden konnten, wurde bei den Sozialrenten – gerade aus Gründen der intergenerativen Gerechtigkeit – eine gewisse Leistungsrücknahme unausweichlich.

Zur Diskussion standen:

- der Einbau eines Lebenserwartungsfaktors in die Rentenformel, um die Rentendynamik nach Maßgabe der Verlängerung der Lebenserwartung bzw. der Rentenlaufzeiten von der Entwicklung der Nettolöhne abzukoppeln und
- die Einrichtung eines Tariffonds.

Nach einer längeren und heftigen Diskussion hat man gegen den Widerstand von Gewerkschaften und Arbeitgeberverbänden die Tariffondslösung gewählt. Aufgrund von allgemeinverbindlichen Tarifverträgen werden jährlich 0,5 bis 1 Prozentpunkte der jährlichen Lohnsteigerungen in Fonds eingespeist, um so ein kapitalgedecktes überbetriebliches Alterssicherungssystem aufzubauen, das die umlagefinanzierten Sozialrenten ergänzt.

Der Aufbau eines solchen Fonds hatte im übrigen ähnliche Folgen wie der verworfene Idee, einen „demographischen Faktor" in die Rentenformel einzubauen. Über die gebremste Nettolohndynamik wurde die Rentenentwicklung – allerdings bei einem konstanten Rentenniveau – abgeflacht, d.h. „Verlierer" waren die Bestandsrenten und die rentennahen Jahrgänge, während die Beschäftigten begünstigt wurden, da deren Nettolohnverzichte durch daraus erwachsende Vermögensansprüche an den Fonds in Form von zusätzlichen kapitalgedeckten Rentenansprüchen kompensiert wurden – und zwar um so spürbarer und nachhaltiger, je jünger der Einzahler und je länger die Einzahlungsperiode waren.

Im Zuge der Globalisierung war ein immer schnellerer Wechsel von Beschäftigungsverhältnissen, -formen und -zeiten zu beobachten. Deshalb schien es notwendig, die Fokussierung der alten gesetzlichen Rentenversicherung auf den Lohn zu überwinden. Durch Einbeziehung sämtlicher Formen der Erwerbstätigkeit in die Versicherungspflicht wurden die Schutzbedürfnisse der neuen Beschäftigungsformen befriedigt und die Finanzierungsbasis der Rentenversicherung stabilisiert.

Das auf dem Umlageverfahren basierende Sozialrentensystem, das trotz seiner Probleme vielfältige Stellschrauben zur Anpassung an die sich verändernden Rahmenbedingungen besitzt, blieb für die Mehrzahl der Bevölkerung die wichtigste Form der Alterssicherung. Durch die parallele Verstärkung der kapitalbasierten zweiten und dritten Säule der Alterssicherung (Betriebsrenten und private Zusatzversicherungen) wurde – flankiert durch eine nachgelagerte Besteuerung von Alterssicherungsprodukten – die langfristige Absicherung eines lebensstandardsichernden Versorgungsniveaus im Alter gewährleistet.

Diese Maßnahmen sowie die steigende Beschäftigung aufgrund der arbeitsmarktpolitischen Maßnahmen trugen ganz wesentlich zur Stabilisierung der sozialen Sicherungssysteme, insbesondere der Rentenversicherung, bei. Vermehrte Beschäftigung ließ die Beiträge zu den Sozialversicherungen sinken, diese Beitragssenkungen bewirkten wiederum über sinkende Lohnnebenkosten einen positiven Beschäftigungsimpuls.

Die Ausweitung des (Pflicht-)Versichertenkreises wurde zwar von der Bevölkerung hingenommen, nach wie vor fragen aber gerade die materiell bessergestellten Haushalte vermehrt private Zusatzversicherungen nach, da sie immer noch sinkende Rentenniveaus erwarten.

Insgesamt konnten die sozialen Sicherungssysteme in der Bevölkerung damit zwar deutlich an Vertrauen zurückgewinnen. Die Imageprobleme der Sozialversicherungssysteme, die zum Teil hausgemachte Ursachen hatten, zum Teil aber auch Ergebnis negativer Propaganda in Form einer „rette-sich-wer-kann"- und „der-Letzte-macht-das-Licht-aus"-Stimmung, konnten überwunden, die Erosion des klassischen Sozialstaats somit gestoppt werden.

Dies wurde allerdings mit einem Absinken des Rentenniveaus und damit mit einer Verschlechterung der sozio-ökonomischen Situation derjenigen aus der Rentnergeneration erkauft, die nicht rechtzeitig vorgesorgt haben bzw. vorsorgen konnten – durch eine private Alterszusatzversicherung etwa. Obwohl durch die Entkoppelung von Lohnarbeit und sozialer Sicherung eine bedeutende Ursache von Altersarmut ausgeschlossen wurde, blieb das Problem eines zu geringen Versorgungsniveaus zum Teil erhalten. Dies konnte zwar durch die Tätigkeit von Trägern sozialer Arbeit bis zu einem gewissen Grad aufgefangen werden; aber obwohl die Probleme älterer Generationen sicherlich nicht so artikulationsfähig wie die der jüngeren Generation sind, wurde in der Öffentlichkeit dieser Mißstand durchaus wahrgenommen, wodurch die Krise des Sozialstaats insgesamt noch nicht als vollständig überwunden angesehen wird.

Auf der anderen Seite nahmen – da der schichten- sowie generationenübergreifende Einkommensausgleich im Etatismus staatlich garantiert, Solidarität damit gleichermaßen verordnet ist –, individuelle Opferbereitschaft und Anteilnahme ab. Das gesellschaftliche Klima ist in einer globalisierten Welt weniger von schichtenübergreifender Solidarität geprägt als früher. Dieser Rückgang bewegte sich aber von einem insgesamt hohen Niveau aus.

5.1.2.3
Umweltschutz: Technologieförderung und ökologische Steuerreform

Auch wenn sich durch die Globalisierung die umweltpolitischen Handlungsspielräume verändert haben, blieb dem Nationalstaat doch seine zentrale Rolle erhalten. Der verstärkte Konkurrenzdruck unter Globalisierungsbedingungen hat die nationale Umweltpolitik jedoch vor die Anforderung gestellt, die Wettbewerbsposition ihrer – soweit man noch davon sprechen kann – nationalen Unternehmen nicht zu beeinträchtigen.

Dies bedeutet jedoch nicht, daß nationale Umweltpolitik durch die Globalisierung ineffektiv und ineffizient werden mußte. Die meisten wissenschaftlichen Studien über den Zusammenhang von Umweltregulierung und Wettbewerbsfähigkeit kamen zu dem Ergebnis, daß die These, hohe umweltpolitische Standards würden die Wettbewerbsfähigkeit verringern, von der Empirie nicht gestützt wird. Vielmehr wurde eine positive Korrelation beider Größen nachgewiesen: Nationale Wettbewerbsfähigkeit und hohe Umweltstandards beeinflußten sich gegenseitig positiv – vorausgesetzt, das verwendete umweltpolitische Instrumentarium war effizient.

Dementsprechend kam auch und gerade dem Staat in der globalisierten Informationsgesellschaft eine wichtige umweltpolitische Rolle zu.

Die etatistische Umweltpolitik war und ist proaktiv und nicht reaktiv ausgerichtet. Das bedeutete in erster Linie die Förderung des integrierten Umweltschutzes gegenüber einem nachsorgenden Umweltschutz durch sogenannte „end-ofpipe"-Lösungen. Staatliche Umweltpolitik setzte hier an der Beseitigung vielfältiger Formen von Marktversagen an: Regenerative Energieträger wurden durch staatliche Nachfrage gestützt, konnten erhebliche Kostensenkungen erzielen und wurden auf dem Energiemarkt wettbewerbsfähig; im Bereich der umwelt- und ressourcentechnologischen Forschung, in der es ähnliche Probleme des Marktversagens gab wie in anderen technologieintensiven Branchen (vgl. Abschnitt 5.1.2.1), konnten durch staatliche Politik Fortschritte erzielt werden. Die Globalisierung hatte insofern positive Auswirkungen auf den Umweltschutz, als die Vergrößerung der relevanten Märkte zusätzliche Anreize für Innovationen im Bereich der Umwelttechnik geschaffen hat.

Neben der direkten Gefahrenabwehr, die heute praktisch kein relevantes Thema mehr darstellt, war vor allem der Abbau von Externalitäten das Ziel etatistischer Umweltpolitik – also von Umweltbelastungen, die Unbeteiligte betreffen, ohne daß sie dafür (finanziell) entschädigt werden und somit für den Umweltverschmutzer auch keine Kosten entstehen. Denn Externalitäten führten durch preisliche Verzerrungen dazu, daß Umweltgüter in zu hohem Umfang konsumiert werden. Dies bedeutete, daß einerseits Subventionen für Energieverbrauch oder verschmutzungsintensive Produktionen abgebaut, andererseits umwelt- und gesundheitliche Externalitäten durch Steuern und Abgaben in die Preisbildung integriert wurden.

Vor dem Hintergrund der steuerpolitischen Notwendigkeiten einer globalisierten Wirtschaft und unterschiedlicher Substitutionsmöglichkeiten kam der Verzahnung von Umwelt- und Steuerpolitik eine wichtige Rolle zu: Die Verlagerung der am Ende des 20. Jahrhunderts im internationalen Vergleich hohen – und den optimalen Einsatz der Produktionsfaktoren verzerrenden – Steuer- und Abgabenbelastung des Faktors Arbeit (aber auch des Faktors Kapital) auf die stärkere Belastung von Energie bzw. anderen Umweltgütern (z. B. Wasser) wurde als unausweichlich angesehen: man führte, wie schon im Bereich der Beschäftigung erläutert, die ökologische Steuerreform ein und konnte so eine „doppelte Dividende" erzielen: Entlastung der Umwelt und Erhöhung der Beschäftigung.

Die Maßnahmen zur ökologischen Steuerreform nahmen stabilisierend auf die Entwicklung der Umwelt Einfluß. Der Ressourcenverbrauch und die Emissionen konnten stabilisiert, zum Teil auch deutlich gesenkt werden. Allerdings lag es in der Natur der Sache bedingt, daß grenzüberschreitende Emissionen von nationalstaatlichen etatistischen Bemühungen schwer zu erfassen waren. Nationale Sonderwege und Alleingänge konnten zwar lokal die Situation verbessern und auch global zu einer Linderung beitragen, waren aber von der Entwicklung paralleler oder korrespondierender Instrumente in anderen Nationalstaaten abhängig. Obwohl in dieser Hinsicht viele Probleme durch internationale Abkommen und Harmonisierungen gelöst werden konnten, wählten einige Gesellschaften für sich die Trittbrettfahrer-Variante, versuchten also durch besonders niedrige Verbrauchssteuern und Umweltschutzauflagen Branchen mit hohem Naturverbrauch anzuziehen.

5.2 Handlungsempfehlungen für die zentralen Akteure

5.2.1 Handlungsempfehlungen für Unternehmen: Lobbyismus und ordnungspolitische Mitverantwortung

Im etatistischen Szenario ist selbstverständlich auch eine Hauptaufgabe der Unternehmen die kostengünstige Produktion und der Verkauf von marktgängigen Produkten; denn auch das etatistische Szenario spielt sich in einer Marktwirtschaft ab. Aber hier müssen die Unternehmen sich noch auf andere Faktoren konzentrieren, die für ihren Erfolg von Bedeutung sind. Dabei ist vor allem die Bedeutung der staatlichen Politik zu nennen, die im etatistischen Szenario auf vielfältige Weise in das Wirtschaftsgeschehen eingreift. Die Unternehmen müssen sich auf eine große Zahl von Regulierungen einstellen, denen auch nicht so einfach ausgewichen werden kann, da sie mit einem hohen Maß an internationaler Kooperation ablaufen. Insbesondere in der Besteuerung werden im etatistischen Szenario Kooperationslösungen zwischen den Staaten gesucht, um einer allzu einfachen Steuerflucht der Unternehmen entgegenzuwirken. Der „Draht" zur Politik wird daher im etatistischen Szenario sowohl für Verbände als auch für einzelne Unternehmen zu einer entscheidenden Größe.

Lobbying und Mitgestaltung der Rahmenbedingungen

Die Beeinflussung der Politik zeigt sich herkömmlicherweise im Lobbyismus, insbesondere der (Unternehmens-)Verbände. Diesem Lobbyismus kommt für Unternehmen im etatistischen Szenario eine zentrale Bedeutung zu, um auf eine günstige Gestaltung der Rahmenbedingungen einzuwirken.

Den Lobbyismus müssen die Unternehmen allerdings intelligent angehen, da sie ja nicht die einzigen sind, die auf die Politik einwirken wollen. Insbesondere wenn es anderen Gruppen, z. B. zivilgesellschaftlichen Akteuren gelingt, ihre Anliegen im Staat und der Politik institutionell zu verankern, können die Unternehmen und ihre Verbände einen schweren Stand bei der Beeinflussung von Politik haben, sofern sie nicht glaubhaft machen können, daß sie nicht lediglich eine einseitige Interessenpolitik zu Lasten Dritter im Auge haben. Wenn ihnen das gelingt, verliert die Lobby-Tätigkeit auch einiges von ihrem suspekten Charakter, den sie in den Augen vieler hat.

Eine mögliche Zielvorstellung, die die Unternehmen bei ihrer Beeinflussung der Politik im Hinterkopf haben könnten, ist die einer „ordnungspolitischen Mitverantwortung der Privatwirtschaft". Hintergrund dieser Idee ist der Gedanke, daß es oftmals eine unzureichende Rahmenordnung ist, aufgrund derer ein Unternehmen durch den Wettbewerb, in dem es steht, dazu „gezwungen" ist, Handlungen vorzunehmen, die aus einer gesamtgesellschaftlichen Perspektive eigentlich abzulehnen sind; zu nennen ist hier beispielsweise die Nichtberücksichtigung von Umweltwirkungen der Produktion, wodurch ein Unternehmen kostengünstiger produzieren kann. Da die Umweltqualität ein öffentliches Gut ist, haben Umweltschutzmaßnahmen kaum eine Chance auf Verwirklichung, sofern sie nicht auch privatwirtschaftliche Kostenvorteile haben, z. B. durch geringeren Rohstoffverbrauch. Ein anderes Beispiel ist die Nutzung gesundheitsschädlicher Produktionsmethoden, etwa in Ländern der Dritten Welt.

Mit anderen Worten: aufgrund falscher Anreize in der Rahmenordnung wird unternehmerisches Verhalten, das gesamtgesellschaftliche Interessen berücksichtigt, benachteiligt. Nehmen nun die Unternehmen ihre ordnungspolitische Mitverantwortung wahr, so beteiligen sie sich aktiv an der Suche nach Lösungen, wie die Rahmenordnung so verändert werden kann, daß die Anreize in Richtung gesamtgesellschaftlich tragfähiger Lösungen gesetzt werden. Der Unterschied zum „klassischen", eher defensiv arbeitenden Lobbyismus ist darin zu sehen, daß sich die Unternehmen durchaus mit dem Ziel anfreunden können, für eine weitgehende Berücksichtigung etwa sozialer und ökologischer Anliegen zu sorgen und die Rahmenordnung in diesem Sinne mitzugestalten; es geht hingegen nicht um die möglichst flächendeckende Abwehr politischer Reformen, die den Marktprozeß regulieren und kanalisieren sollen. Vielmehr liegt dieser Idee der Mitgestaltung zugrunde, daß die Unternehmen viele soziale und ökologische Anliegen als berechtigt ansehen und ihnen auf staatlicher bzw. gesamtwirtschaftlicher Ebene zu ihrem Recht verhelfen, weil sie ohne eine solche Veränderung der Rahmenordnung sich nicht im unregulierten Marktprozeß durchsetzen können.

Gerade in einer globalisierten Welt ist es für die Unternehmen von Vorteil, wenn sie daran mitarbeiten, internationale Vereinbarungen zwischen den Staaten mitzugestalten. In einer etatistischen Welt, in der sich die Staaten über viele Fragen auf dem Wege der internationalen Verträge und Verhandlungen einigen, können auch Vereinbarungen zustande kommen, die für die Unternehmen nachteilig sind. Aktives Engagement auch auf internationaler Ebene wird daher für die Unternehmen in ihrem ureigensten Interesse liegen.

5.2.2 Handlungsempfehlungen für den Staat: Die intelligente Technokratie

Das etatistische Szenario ist gewissermaßen das „Wunschszenario" für den Staat bzw. für die Politiker und Beamten, da in diesem Szenario ihre Bedeutung erhalten bleibt oder sogar noch gesteigert wird. Dennoch kann auch das etatistische Szenario kein Freibrief für unbeschränkte staatliche Aktivität sein, denn die Beschränkungen, denen staatliches Handeln aufgrund der Globalisierung ausgesetzt ist, sind nach wie vor wirksam. Die verstärkte Mobilität insbesondere der Produktionsfaktoren Kapital und Wissen ist auch im etatistischen Szenario zu beachten. Trotzdem aber hat der Staat in diesem Szenario größere Handlungsmöglichkeiten als in der marktradikalen Welt.

a) Internationale Steuerharmonisierung

Das größte Problem für den Staat bzw. für die Finanzierung staatlicher Leistungen besteht in der Erosion der Steuerbasis in einer globalisierten Welt. Insbesondere der mobile Produktionsfaktor Kapital kann sich der Besteuerung sehr weitgehend entziehen – insbesondere auch durch Gründung von Finanzierungsgesellschaften in Niedrigsteuerländern. Im Gegensatz dazu sind die Steuern auf den weniger mobilen Faktor Arbeit in der Vergangenheit stark gestiegen. Hier bietet nun eine etatistische Welt die Chance, einem Wettlauf der Steuersätze nach unten zu entgehen und das Kapital stärker an der Finanzierung staatlicher Leistungen zu beteiligen. Denn da in diesem Szenario der Wettbewerb der Systeme zugunsten einer verstärkten Kooperation der einzelnen Länder Platz gemacht hat, besteht nun die Möglichkeit einer zumindest teilweisen Harmonisierung der Besteuerung. Die Staaten wollen, so die Annahme, durch internationale Vereinbarungen einen Weg finden, dem Wettlauf der Steuersätze nach unten zu entkommen. In einem solchen Wettlauf ist es zwar für die Staaten individuell sinnvoll und rational, ihre Steuersätze zu senken (und so auf Kosten anderer Staaten einen Vorteil zu erzielen), insgesamt kann sich dieser Wettlauf jedoch als ruinös erweisen.

Nicht sinnvoll ist es dabei, die Steuersätze und -systeme komplett zu harmonisieren, so daß überall das gleiche Steuerrecht gilt. Der Aufwand dafür stünde in keinem Verhältnis zu dem erwarteten Ertrag. Außerdem muß auch nach einer solchen Harmonisierung genügend Spielraum für die einzelnen Länder verbleiben, so daß sie ihren regionalen und nationalen Besonderheiten Rechnung tragen können.

Dennoch aber kann durch internationale Kooperation zumindest eine gewisse Mindestbesteuerung sichergestellt werden. Dafür stehen im wesentlichen zwei Methoden zur Verfügung: das Wohnsitzprinzip oder eine allgemeine Quellensteuer.

Im Falle des Wohnsitzprinzips werden alle Einkommen eines Wirtschaftssubjekts – sei es eine Person oder ein (international) tätiges Unternehmen – dort versteuert, wo es seinen Sitz hat; im Falle eines internationalen Konzerns also dort, wo die Muttergesellschaft sitzt. In diese Besteuerung fließen dann alle Einkünfte ein, egal wo auf der Welt sie erzielt worden sind. Dieses Prinzip setzt allerdings voraus, daß dem zuständigen Finanzamt tatsächlich alle Einkünfte gemeldet werden. Um dies sicherzustellen, ist ein umfassendes System von Kontrollmitteilungen nötig. Der bürokratische Aufwand dafür dürfte beträchtlich sein, allerdings ist dann eine recht umfassende Besteuerung des Kapitals möglich. Auch diese kann jedoch nicht über alle Grenzen gehen, denn das Wohnsitzprinzip setzt keine allgemeine Harmonisierung von Steuersätzen voraus. Damit ist weiterhin ein gewisser Steuerwettbewerb gegeben, aber die einzelnen Länder haben einen größeren Spielraum. Denn um der Besteuerung in einem Land zu entgehen, reicht es nun nicht mehr aus, eine Tochter im steuergünstigeren Ausland zu gründen, die als Finanzierungsgesellschaft fungiert; das Unternehmen muß seinen Hauptsitz in das entsprechende Land verlegen. Die damit verbundenen Änderungen wird nicht jedes Unternehmen auf sich nehmen.

Die Quellensteuerlösung besteht demgegenüber darin, daß Einkünfte jeder Art an der Quelle, also am Ort ihres Entstehens, besteuert werden, unabhängig davon, wo das Individuum oder das Unternehmen, das diese Einkünfte erzielt, seinen (Wohn-)Sitz hat. Eine solche Lösung ist administrativ einfacher zu bewältigen als eine Wohnsitzlösung, denn sie erfordert kein weltweites System von Kontrollmitteilungen. Dagegen ist es aber erforderlich, sich über die Höhe einer Mindestbesteuerung zu einigen, damit die Steuern nicht durch einfache Operationen umgangen werden können. Verbunden damit ist allerdings auch die Wirkung, daß die Quellensteuer faktisch zu einer Abgeltungssteuer wird (d. h. mit Zahlung dieser Steuer sind alle Steuerverpflichtungen aus Vermögenserträgen abgegolten bzw. der Steuerpflichtige sieht sie als abgegolten an), denn ohne Kontrollmitteilungen werden den einheimischen Finanzämtern wohl kaum noch ausländische Einkünfte gemeldet, selbst wenn dazu eine Verpflichtung besteht. Das aber wiederum bedeutet, daß der Produktionsfaktor Kapital bzw. Einkünfte aus Vermögen geringer besteuert werden als Arbeitseinkommen.

Welchen dieser beiden Wege der Gesetzgeber geht, kann an dieser Stelle nicht entschieden werden; aber eine internationale Harmonisierung der Steuern ist in jedem Falle angesagt.

b) Ausnutzung des größeren Optionensets für Marktkorrekturen

Im etatistischen Szenario hat der Staat einen größeren Spielraum für die Korrektur von Marktversagen, den er auch ausnützen sollte. An erster Stelle ist hier sicherlich der Umweltschutz zu nennen, den der Staat auf vielfältige Weise angehen kann: von Ge- und Verboten, wo sie notwendig sind, bis hin zur Einführung von Umweltsteuern und -abgaben. Auch in diesem Politikfeld wird es angezeigt sein, verstärkt eine internationale Kooperation anzustreben, zumindest bei den internationalen Umweltproblemen. Bei nationalen Umweltproblemen ist diese Kooperation weniger notwendig, hier kann und muß jede Gesellschaft für sich entscheiden, in welchem Umfang sie diese Probleme angehen will.

Außerdem hat der Staat im etatistischen Szenario größere Möglichkeiten zum Erbringen von Leistungen; insbesondere ist es ihm möglich, eine etwas ausgedehntere Palette von „ermöglichender Sozialpolitik" zu erbringen. Dabei muß er einen schmalen Grat gehen zwischen der Idee einer totalen wohlfahrtsstaatlichen Absicherung und der bloßen Fürsorge bzw. der Garantie eines knapp bemessenen Existenzminimums. Das Spektrum möglicher Instrumente ist jedoch recht breit und reicht von der negativen Einkommensteuer bis zur Ausbildungsförderung.

c) Soziale (Mindest-)Standards

Das etatistische Szenario ist eine Welt, in der die Zustimmung zu stärker regulierendem Eingreifen des Staates konsensfähig ist. Demzufolge ist der Staat auch in der Lage, soziale Regelungen und Standards zu setzen, die gesamtgesellschaftlich wünschenswert erscheinen, aber sich nicht von alleine im Markt durchsetzen können. Beispiele sind Regelungen der Arbeitszeit, Kündigungsschutzgesetze, arbeitsrechtliche Schutzbestimmungen usw. In einem ungeregelten Markt können sich viele dieser Regelungen nicht durchsetzen, weil sie für das einzelne Unternehmen eine Erhöhung der Lohnkosten bedeuten. Zwar ist es für einige große Unternehmen denkbar, daß sie von sich aus derartige Bestimmungen einführen, auf breiter Basis ist es jedoch nur durch eine gesetzliche Regelung vorstellbar.

Das muß allerdings nicht bedeuten, daß dazu eine internationale Harmonisierung bzw. Einigung über Sozialstandards erforderlich ist. Sozialstandards sind, wie schon angedeutet, für die Unternehmen ganz einfach Lohnkosten: sofern Unternehmen in einem Land mit Unternehmen in anderen Ländern im Wettbewerb stehen, läßt sich die Frage nach den Sozialstandards übersetzen in die Frage, welcher Anteil der Lohnkosten individuell an die Arbeitnehmer ausbezahlt wird und welcher Anteil die Form besserer (kollektiver) Sozialstandards annimmt. Die Entscheidung über diesen Mix ist eine Entscheidung in jeder einzelnen Gesellschaft, für die es keiner Abstimmung mit anderen Ländern bedarf. Ganz im Gegenteil würden es andere Länder wohl als neuen Imperialismus auffassen, wenn ihnen die Sozialstandards entwickelter Industrieländer oktroyiert würden. Mit Recht vermuten sie dahinter einen neuen Protektionismus. Des weiteren könnte ein derartiger Versuch der Harmonisierung die internationale Kooperation in wichtigeren Bereichen – wie etwa der grenzüberschreitenden Umweltverschmutzung – stören.

d) Korruptionsbekämpfung und Kontrolle der Interessengruppen

Dreh- und Angelpunkt einer etatistischen Welt ist eine effizient und rechtmäßig funktionierende Verwaltung. Auf der anderen Seite ist eine ausgedehnte Tätigkeit des Staates eine Einladung zur Korruption. Denn alle Tätigkeiten des Staates bzw. der Politik müssen von Politikern und Beamten verwirklicht bzw. umgesetzt werden. Nicht nur die Verabschiedung von Gesetzen und Verordnungen ist wichtig, sondern auch deren Durchsetzung; ebenso gewinnt in einer etatistischen Welt die Beschaffungs- und Ausschreibungspolitik der öffentlichen Hand an Gewicht. In all diesen Bereichen kann es zu Korruptionsfällen kommen; aus diesem Grund ist es wichtig, ein effizientes System zu finden, das der Vermeidung und Bekämpfung von Korruption dient.

Verstärkt muß der Staat auch auf eine Kontrolle von Interessengruppen hinwirken, die sich um staatliche Mittel bemühen. Auch und gerade zivilgesellschaftliche Akteure werden sich anstrengen, eine staatliche Förderung zur Erfüllung ihrer Aufgaben zu erhalten. Dabei ist die Gefahr groß, daß die Akquirierung von Geldern zum Hauptzweck einer zivilgesellschaftlichen Organisation wird. Anstatt ihre Ressourcen für ihre eigentlichen Aktivitäten und Ziele einzusetzen, kann zumindest ein großer Teil einer Organisation damit beschäftigt sein, staatliche finanzielle Zuwendungen zu erhalten, ohne daß ihnen eine adäquate Leistung gegenübersteht. Das ist besonders dann einfach, wenn die Zahl der zur Verfügung stehenden Finanztöpfe groß und die Förderlandschaft entsprechend unübersichtlich ist. Dies muß der Staat zu verhindern suchen.

5.2.3 Handlungsempfehlungen für zivilgesellschaftliche Akteure: Transmissionsriemen für Politikveränderung

Im etatistischen Szenario ist für die zivilgesellschaftlichen Akteure der Staat der wichtigste Ansprechpartner. Dementsprechend müssen ihre Anstrengungen in erster Linie auf die Beeinflussung der Politik gerichtet sein. Diese Beeinflussung kann unterschiedliche Formen annehmen, von der Mobilisierung der Öffentlichkeit bis hin zu einer Phase, in der die zivilgesellschaftlichen Institutionen selbst Teil der Politik werden.

a) Mobilisierung der Öffentlichkeit, um Politik zu beeinflussen

Die Öffentlichkeit und die Sorge um künftige Wahlausgänge stellt einen besonders wichtigen Faktor bei der Gestaltung der Politik und der Maßnahmen dar, die in der Politik angewendet werden. Deshalb ist die Mobilisierung der Öffentlichkeit für die Anliegen der zivilgesellschaftlichen Akteure eine besonders wichtige Aktion, um die Politik zu beeinflussen. Die Verbände und Organisationen müssen hier ihre Ressourcen einsetzen, um ein wichtiges Anliegen auch in die Öffentlichkeit zu tragen. Hierbei müssen sie vor allem ein Problem kollektiven Handelns überwinden: Soweit es sich bei den zivilgesellschaftlichen Akteuren nicht nur um die Verbände von kleinen homogenen Interessengruppen mit klaren (materiellen) Zielen handelt (für die viel auf dem Spiel steht und die zu einem entsprechenden

Engagement bereit sind), haben die zivilgesellschaftlichen Gruppen oft ein Organisationsproblem – sie vertreten gesamtgesellschaftliche Anliegen und Probleme, die jeden betreffen und für jeden wichtig sind, von deren Lösung aber auch derjenige profitiert, der sich nicht in dieser Richtung engagiert. Von seiten der Organisation ist daher oft ein beträchtlicher (materieller und persönlicher) Einsatz und ein großes Durchhaltevermögen erforderlich.

b) Lobbyismus für staatliche Gelder

Der Zugang zu finanziellen Ressourcen ist auch in der etatistischen Welt das A und O für die Tätigkeit zivilgesellschaftlicher Akteure. Der wichtigste Adressat ist in diesem Falle der Staat. Die zivilgesellschaftlichen Akteure müssen sich darum bemühen, vom Staat eine gewisse Finanzierung für die Durchführung ihrer Anliegen zu erhalten. Dafür müssen sie eine wirkungsvolle Lobbyarbeit aufbauen.

Hier gilt jedoch ähnlich wie bei der Lobby-Arbeit von Unternehmen: die zivilgesellschaftlichen Akteure müssen ebenfalls glaubhaft und deutlich machen, daß sie nicht eine enge Interessenvertretung betreiben, sondern wichtige gesellschaftliche Aufgaben übernehmen, deren Erfüllung im allgemeinen Interesse liegt.

c) Von der sozialen Bewegung zur Partei

Da staatliche Politik in der etatistischen Welt der entscheidende Steuerungsmechanismus ist, geht es für die zivilgesellschaftlichen Akteure in erster Linie um die Beeinflussung dieses Prozesses. Eine sehr weitgehende Möglichkeit zur Beeinflussung dieses Prozesses besteht darin, daß die verschiedenen sozialen Bewegungen sich zu einer oder mehreren Parteien weiterentwickeln und über neue Mehrheiten und Wahlergebnisse die Politik mitzulenken versuchen. Im Prinzip ist die Idee hinter dieser Empfehlung, den gleichen Weg wie die „Grünen" zu gehen. Das mag aus heutiger Sicht utopisch erscheinen, aber auch den „Grünen" hätte man zu Anfang ihre späteren Erfolge und ihren relativ stabilen Platz im Parteienspektrum nicht angesehen.

d) Zivilgesellschaftliche Akteure werden zu einem Teil des Staates

Eine noch weitergehende Option für zivilgesellschaftliche Akteure kann sein, zu einem Teil des Staates zu werden. Damit ist eine Reform der Staatswesens gemeint, die zu neuen Institutionen führt, die bei der Gesetzgebung mitwirken können. Zivilgesellschaftliche Akteure können Teil dieser Institutionen sein.

Ein mögliches Beispiel hierfür ist die Idee eines Nachhaltigkeitsrates als neue „Dritte Kammer" im Gesetzgebungsverfahren. Der Nachhaltigkeitsrat kann ein Gremium von Experten in Umweltfragen sein, aber auch zivilgesellschaftliche Akteure einschließen, die auf diese Weise an der Gesetzgebung mitwirken können. Eine derartige Mitwirkung müßte das Ziel der zivilgesellschaftlichen Organisationen sein.

Die Mitglieder dieses Nachhaltigkeitsrates hätten das Recht, zu Gesetzgebungsvorschlägen gehört zu werden und ihre Bedenken anzumelden, wenn ein Gesetz dem Gedanken der Nachhaltigkeit widerspricht. Möglicherweise haben sie sogar die Möglichkeit, gegen derartige Gesetze ein aufschiebendes oder ablehnendes Veto einzulegen. Die besondere Idee des Nachhaltigkeitsrates besteht darin, daß seine Mitglieder nicht den üblichen Zwängen der Wiederwahl ausgesetzt sein sollen, sondern möglichst unabhängig vom politischen Tagesgeschäft sind. Hintergrund dieser Idee ist, daß der normale demokratische Prozeß einen zu kurzen Zeithorizont hat, um weit in die Zukunft reichende Probleme wie das der Nachhaltigkeit ausreichend zu berücksichtigen. Der Nachhaltigkeitsrat soll daher als ein Korrektiv fungieren, das aufgrund seiner Unabhängigkeit einen weiterreichenden Zeithorizont hat. Selbstverständlich wirft die Einrichtung und die Kompetenzen eines solchen Gremiums Fragen bezüglich der demokratischen Ordnung auf, die eingehend diskutiert werden müssen.

e) Internationalisierung der Normendebatte

In einer globalisierten Welt bedarf es in bestimmten Bereichen internationaler Normen und Standards, die von einer abgestimmten Politik erlassen werden müssen. Die Aufgabe der zivilgesellschaftlichen Akteure besteht darin, diese Normdebatte anzustoßen und Anregungen für internationale Normen zu liefern. Dafür ist es für die zivilgesellschaftlichen Akteure selbst nötig, daß sie sich international vernetzen.

Diese Notwendigkeit der Beteiligung an der internationalen Debatte über Normen und Standards ist für die zivilgesellschaftlichen Akteure vor allem deshalb erforderlich, weil in der etatistischen Welt viele wesentliche Normen und Regelungen auf internationaler Ebene getroffen werden – auch und gerade solche, die die Aufgaben und Anliegen der Zivilgesellschaft betreffen. Andere Akteure mit unmittelbaren Interessen bezüglich der Ergebnisse dieser Vereinbarungen werden nicht zögern, in die Diskussion einzugreifen und sie zu ihren Gunsten zu beeinflussen; die zivilgesellschaftlichen Akteure sind aufgerufen, dazu ein Gegengewicht zu bilden.

5.3 Etatistische Literatur zur Globalisierung

Auch das beschriebene etatistische Szenario und die daraus abgeleiteten Handlungsempfehlungen hat seine Entsprechungen in der nationalen und internationalen Literatur zur Globalisierung. Die Autoren, die im (normativen) Rahmen dieses Szenarios argumentieren, betonen vor allem die Chancen der Globalisierung, die es wahrzunehmen gilt und die – bei geeigneter nationaler und internationaler Wirtschaftspolitik – auch wahrgenommen werden könnten. Hierin sind sie sich mit den marktradikalen Befürwortern der Globalisierung einig; die Uneinigkeit beginnt bei den Maßnahmen, die die Wirtschaftspolitik treffen solle, um Unternehmen, Regionen und Staaten für die Globalisierungsherausforderung „fit" zu machen. Nicht Deregulierung und Liberalisierung auf allen Ebenen heißt die Devise der etatistisch orientierten Autoren, sondern verstärktes staatliches Engagement. Dabei betonen die Autoren aber meist auch, daß dieses staatliche Engagement nicht ein Zurück zu einer simplen keynesianischen Politik der Staatsausgabensteigerung bedeuten kann – diese sei im Zeitalter der Globalisierung so ohne weiteres nicht mehr möglich; vielmehr müsse auf andere, intelligentere Formen der Staatsintervention zurückgegriffen werden.

Das wohl bekannteste Werk etatistischer Provenienz in Deutschland – zumindest was die Autoren betrifft – ist das Buch *Keine Angst vor der Globalisierung: Wohlstand und Arbeit für alle* von Oskar Lafontaine und Christa Müller. Ziel der

Autoren ist die Wiederherstellung von Vollbeschäftigung in Deutschland, ohne dabei – wie in den USA – die Einkommensverteilung allzu ungleich werden zu lassen. Dazu schlagen die Autoren ein breites Spektrum an Maßnahmen vor: Generell schwebt ihnen die Förderung von Wachstum und Innovation vor, allerdings nicht auf dem Wege eines Wettlaufs zwischen den Staaten um möglichst niedrige Standards und (Lohn-)Kosten. Ein zentraler Punkt ist die breite Qualifikation, um den Herausforderungen der Globalisierung gerecht zu werden: denn auch Lafontaine/Müller sehen die einfachen Arbeitsplätze aufgrund der internationalen Konkurrenz in Gefahr; dem soll durch eine verbesserte Bildungspolitik abgeholfen werden – „Standortpolitik heißt: Alle bestens ausbilden!“. Hinzu kommen weitere Vorschläge, z. B.:

- die Umgestaltung der Wirtschaftsordung in Richtung ökologischer Marktwirtschaft, z. B. durch eine ökologische Steuerreform, um damit zugleich auch Marktchancen für die Umwelttechnik zu schaffen;
- die Einführung eines Ordnungsrahmens für die internationalen Geld- und Kapitalmärkte, um Währungskrisen zu vermeiden und so zu größerer internationaler Stabilität beizutragen;
- Harmonisierung von Steuern und Sozialstandards, um entsprechende Wettläufe zwischen den Staaten zu vermeiden;
- Arbeitszeitverkürzung und die Einführung von Lohnsubventionen bzw. einer negativen Einkommensteuer, um auch für Arbeitnehmer in gering entlohnten Beschäftigungsverhältnissen ein Auskommen zu ermöglichen.

In der internationalen bzw. amerikanischen Literatur sind vor allem zwei Autoren zu nennen, die in die Kategorie des etatistischen Szenarios einzuordnen sind: Robert Reich und Lester Thurow. Robert Reich hat mit seinem Buch *The Work of Nations* (deutsch: *Die neue Weltwirtschaft. Das Ende der nationalen Ökonomien*) über weite Strecken die Diskussion bestimmt. Reich unterscheidet drei Arten von Arbeitsplätzen, in denen sich der Großteil der (amerikanischen) Arbeitnehmer befindet und die jetzt und in Zukunft die wirtschaftliche Landkarte bestimmen. Die erste Kategorie bilden die routinemäßigen Produktionsdienste: Sie bestehen aus recht einfachen Arbeitsverrichtungen, die keine besondere Ausbildung voraussetzen; darunter fallen die traditionellen „Blue-collar-Jobs“ von Fließbandarbeitern, aber auch einfache Datenverarbeitungsaufgaben (Listenerstellungen etc.). Diese routinemäßigen Produktionsdienste können weltweit gehandelt werden und sind deshalb auch in den fortgeschrittenen Industrieländern durch kostengünstigere Wettbewerber bedroht. Die zweite Kategorie stellen die kundenbezogenen Dienste dar, die nicht weltweit gehandelt werden, da sie von Person zu Person erbracht werden: Kellner, Kassiererinnen, Krankenschwestern, Altenpfleger, Hausangestellte, Wachpersonal usw. Die dritte Kategorie bilden die von Reich sog. symbolanalytischen Dienste: Aktivitäten der Problemlösung, -identifizierung und strategische Vermittlung; dazu gehören Design-, Software- und Bauingenieure, Biotechnologen, Toningenieure, PR-Manager, Investment-Banker, Architekten, Journalisten, Lektoren usw. Symbolanalytiker stellen keine standardisierten Produkte her, sondern manipulierte Symbole: Daten, Wörter, akustische und visuelle Darstellungen. Im Falle der symbolanalytischen Dienste ist nun in aller Regel eine besondere Ausbildung nötig, außerdem werden diese Dienste auch international gehandelt. Reich sieht im Symbolanalytiker die entscheidende Figur der jetzigen, mehr aber noch der künftigen Weltwirtschaft. Symbolanalytiker haben, entsprechend ihren Fähigkeiten ein überdurchschnittliches Einkommen. Für die routinemäßigen Produktionsdienste und die personenbezogenen Dienstleistungen sieht Reich eher schwarz und prognostiziert verschwindende Arbeitsplätze und/oder sinkende Löhne.

Seine Antwort auf dieses Problem besteht – neben einer stärker progressiven Einkommensteuer, um die Polarisierung in der Wirtschaft etwas abzumildern – vor allem in verstärkter Qualifikation, um möglichst vielen Arbeitnehmern die Chance zu geben, zu Symbol-Analytikern zu werden oder ihnen zumindest zu ermöglichen, die Symbol-Analyse in der Produktion oder bei personenbezogenen Dienstleistungen zur Anwendung zu bringen (größere Verantwortung in der Produktion etc.).

Die Hauptantwort von Lester Thurow in seinen Büchern *Head to Head: The Coming Economic Battle Among Japan, Europe and America* (1992 erschienen), stärker aber noch in seinem 1996 erschienenen *The Future of Capitalism: How Today's Economic Forces will Shape Tomorrow's World* liegt in der Industriepolitik, aber – ebenso wie bei Reich – in der Qualifizierung. In *Head to Head* macht Thurow einen beginnenden Kampf um die ökonomische Überlegenheit zwischen Europa, USA und Japan aus – ein Kampf, den die USA seiner Ansicht nach zu verlieren drohen und in dem ein stärkeres industriepolitisches Engagement angezeigt wäre: Thurow macht einige zentrale Industrien aus, denen strategische Bedeutung zukomme und die zu gewinnen sich ein Land bemühen müßte: u. a. nennt er Mikroelektronik, Biotechnologie, Telekommunikation und Computer einschließlich Software. Um dies zu erreichen, plädiert Thurow für staatliche Industriepolitik.

In *The Future of Capitalism* macht Thurow fünf Megatrends aus („tectonic plates"), die die ökonomische Landkarte der Zukunft bestimmen: der Zusammenbruch des Kommunismus, eine Verschiebung hin zu wissensintensiven Industrien („brainpower industries"), eine mobile und alternde Bevölkerung, die Globalisierung von Wirtschaft und Handel sowie das Aufkommen einer multipolaren Welt ohne eine dominante Macht. Diese zentralen Kräfte macht Thurow für bestimmte, bereits sichtbare Mängel und Unzulänglichkeiten verantwortlich, die in den entwickelten Industrieländern zu beobachten sind, wie z. B. geringere Löhne und sinkende Wachstumsraten. Um dem abzuhelfen, fordert Thurow so etwas wie eine etatistische Offensive in Gestalt großer Regierungsinvestitionen in Ausbildung, Infrastruktur sowie Forschung und Entwicklung. Hinzu sollen Anreize treten, um die Ersparnisbildung (auf Kosten des Konsums) zu fördern.

Lafontaine/Müller, Reich und Thurow sind nur drei prominente von mehreren Beispielen aus der Globalisierungsliteratur, die in das etatistische Szenario einzuordnen sind. Gemeinsam ist ihnen, daß sie die Globalisierung als Chance begreifen, in jedem Falle als eine wichtige Herausforderung – möglicherweise auch als eine Gefahr, wenn nicht die (ihrer Meinung nach) richtigen Maßnahmen getroffen werden; und diese Maßnahmen liegen in einem verstärkten Engagement des Staates. Ist das der Fall und geschieht dieses Engagement auf intelligente Weise, ist nach Ansicht der Autoren Vollbeschäftigung, größerer Wohlstand und auch größere Gleichheit bzw. soziale Gerechtigkeit möglich. An der alleinigen Fokussierung auf Staat und Markt und deren Zusammenwirken halten jedoch alle Autoren fest. Dies führt zu einer anderen Sichtweise, bei der andere Akteure und gesellschaftliche Steuerungsmechanismen stärker ins Blickfeld kommen: das zivilgesellschaftliche Szenario, in dem Markt und Staat in ihrer zentralen Bedeutung für die Abläufe in Wirtschaft und Gesellschaft zurückgedrängt werden und Organisationen verschiedenster Art wichtige Funktionen übernehmen.

6 Das zivilgesellschaftliche Szenario

Todmüde, aber recht zufrieden kommt Peter W. in den frühen Morgenstunden in seine Wohnung zurück. Die Verhandlungen mit dem Chemiekonzern waren zwar wegen dessen multinationaler Organisationsstruktur ausgesprochen mühsam, haben sich aber letztlich doch gelohnt. Als das multinationale Unternehmen vor einigen Jahren einen „runden Tisch" einberief – der international besetzt war mit Arbeitnehmervertretern, Repräsentanten von Umweltverbänden und Vertretern von Anwohnern in den verschiedenen Niederlassungen –, um die Unternehmensziele besser mit Betroffenen abzustimmen, da hätte es sich die Folgen wahrscheinlich nicht träumen lassen. Ursprünglich war das Ganze als reine PR-Veranstaltung gedacht, um potentielle Protestler gegen Unternehmensentscheidungen rechtzeitig abzufangen und ruhigzustellen – und die verschiedenen Interessengruppen gegeneinander auszuspielen; diese Möglichkeit sah die Firma vor allem aufgrund der internationalen Zusammensetzung gegeben: das Hemd der eigenen Gruppe und der eigenen Region, so dachten die Unternehmensvertreter, wäre den einzelnen Interessengruppenvertretern sicher näher als irgendwelche übergeordneten Prinzipien und Ziele. Aber die Firma hatte nicht damit gerechnet, wie gut inzwischen die Vernetzung war – sowohl international als auch zwischen den verschiedenen Gruppen. Die Firmenvertreter trafen relativ schnell auf eine Front, die sich nicht so ohne weiteres spalten ließ; schlechtere Produktionsbedingungen in einzelnen Ländern, Verringerung der Umweltstandards, Schließung von Produktionsanlagen – das alles erwies sich für die Firma als weit schwerer durchsetzbar als zunächst gedacht, bisweilen war es sogar unmöglich, oder es mußten in harten Verhandlungen Kompromisse ausgefochten werden. Die Interessengruppen hatten sich entsprechende Experten als Vertreter an den runden Tisch geholt – so unter anderem auch Peter, der als Chemiker mit betriebswirtschaftlicher und informationstechnischer Zusatzausbildung sowohl die Gefährlichkeit von Verfahren und Produktionsprozessen als auch die Plausibilität unternehmensstrategischer Überlegungen abzuschätzen vermag. Die Firma selbst kann inzwischen keinen Rückzieher mehr machen und den „runden Tisch" wieder abblasen – die geballte Medienmacht der international operierenden Organisationen, die jetzt das Unternehmensgeschehen mitbestimmen, würde sie treffen. So muß das Unternehmen einmal mehr mit einem Kompromiß leben: das ursprünglich geplante umweltschädliche Produktionsverfahren wird neu überdacht, für die von einer Standortschließung betroffenen Mitarbeiter werden andere Einsatzmöglichkeiten gesucht.

Peter muß sich unterdessen – nach ein paar Stunden Schlaf – beeilen, um noch rechtzeitig zu seinem „Pflegetermin" zu kommen. Seit einigen Monaten arbeitet er im Pflegekreis e.V. mit, der in der Nachbarschaft die Betreuung älterer Mitmen-

schen organisiert. Von den Spenden der passiven Mitglieder, den Sponsoring-Beiträgen einiger Unternehmen sowie der unterstützenden staatlichen Alimentierung ist es möglich, den aktiven Mitgliedern und Helfern des Vereins ein ganz ansehnliches Entgelt zu bezahlen. Dies sowie seine Teilzeitstelle als Programmierer bei einem Software-Unternehmen erlaubt Peter nicht nur seine Umweltschutzaktivitäten, sondern auch die regelmäßige Teilnahme an einem Bürgerforum, das sich um die Einrichtung eines neuen Kindergartens in seinem Stadtteil kümmert...

6.1 Die Gesellschaft im zivilgesellschaftlichen Szenario

6.1.1 Die zivilgesellschaftliche Welt im allgemeinen: Gruppen, Netze, (politische) Organisationen und Verbände

Im zivilgesellschaftlichen Szenario hat man aus den Triebkräften der Globalisierung nochmals eine andere Konsequenz als in den beiden vorherigen Szenarien gezogen. Die Akteure des zivilgesellschaftlichen Szenarios gewinnen die Überzeugung, daß sowohl eine dominant marktgesteuerte wie auch eine dominant staatlich gelenkte Gesellschaft gravierende Defizite aufweist. Einmal hat die internationale Verflechtung im Zuge der Globalisierung einen Grad erreicht, der die Monopolstellung des Staates sehr stark geschwächt hat; die Nationalstaaten und ihre Regelsysteme erwiesen sich als immer weniger in der Lage, die Entwicklungen problemadäquat zu steuern – ganz abgesehen davon, daß aufgrund der immer größeren Durchlässigkeit von Grenzen sich eine auf Staatsgebiete begrenzte Steuerung als unzureichend erwies. Außerdem verlor der Staat zunehmend sein Monopol für die Definition des Gemeinwohls: Er war nur noch ein Funktionssystem unter anderen, die ebenfalls ihre Vorstellungen von Gemeininteressen haben. Auf der anderen Seite führte der ungeregelte Markt zu einer immer stärkeren Polarisierung von Arbeits-, Einkommens- und Lebenschancen; der soziale Zusammenhalt der Gesellschaft war gefährdet.

Deshalb werden in diesem Szenario neben marktlicher und etatistischer Steuerung andere Mechanismen bedeutend, die den Markt und die hoheitliche Anordnung des Staates zwar nicht ersetzen, aber in Teilbereichen entlasten können: die dezentrale Selbstorganisation von Individuen, Gruppen und Interessenorganisationen. Dabei kommt es einerseits zu einer Stärkung autonomer zivilgesellschaftlicher Strukturen und Institutionen, andererseits werden marktwirtschaftliche und staatliche Institutionen um zivilgesellschaftliche Elemente „angereichert", so daß Markt und Staat ihre Steuerungsfunktionen besser wahrnehmen können. Dabei können die Akteure in einer Zivilgesellschaft den Markt und den Staat zwar nicht ersetzen, aber doch ganz wesentlich in ihrer Bedeutung mindern. Diese Akteure und Institutionen sind nicht so klar abgrenzbar wie es Markt und Staat sind: die Zivilgesellschaft umfaßt eine Vielzahl von sehr heterogenen freiwilligen Vereinbarungen und Zusammenschlüssen. Sie beruhen alle auf dem Prinzip der Selbstorganisation.

Einmal sind es *freiwillige Assoziationen* aller Art, die versucht haben und versuchen, Markt- und Staatsversagen auszugleichen. Manche dieser Vereinigungen versuchen, bessere Leistungen sowohl gegenüber der kommerziellen als auch gegenüber bürokratisch-obrigkeitsstaatlicher Versorgung zu erbringen. Oft sind es auch Notgemeinschaften, die als eine Art soziales „Rotes Kreuz" die Folgen von Marktprozessen mildern. Mit diesen Assoziationen hat sich im Laufe der Zeit eine richtiggehend dezentral vernetzte Welt über territoriale Grenzen hinweg entwikkelt. Hoheitliche Steuerung durch den Staat wie auch das ständige Bewähren am Markt hat an Bedeutung verloren; demgegenüber sind viele Bürger in solchen dezentralen Netzen tätig; diese sind je nach Politik- oder Sachbereich anders definiert und ausgestaltet. Die Transparenz innerhalb solcher Assoziationen, die dezentralen Entscheidungsprozesse und auch die Inpflichtnahme des Einzelnen haben zum Engagement vieler Bürger geführt. Insbesondere bezüglich des Engagements der Bürger war man anfänglich außerordentlich skeptisch; diese Skepsis hat sich aber vielfach als unberechtigt herausgestellt: Die Bürger waren sehr viel stärker bereit, Verantwortung zu übernehmen und sich in den unterschiedlichsten Bereichen zu engagieren, als man das für möglich gehalten hat.

Die Bürger sind wieder aktive Teilnehmer am gesellschaftlichen Leben und können dabei unterschiedlichste Rollen verkörpern. Sie sind nicht nur und vor allem nicht dominierend Wirtschaftsbürger oder Staatsbürger, sondern sie können sich beispielsweise in einem Bürgerforum um die kommunale Abfallentsorgung kümmern, sind Aktivisten in einer Abrüstungsinitiative und arbeiten schließlich bei einer Selbsthilfegruppe mit.

Die Tätigkeiten dieser Netze können vielerlei umfassen: Hilfe für Alte und Kranke (Hauspflege, Besuche, Begleitdienste, Telefondienste, Tagesbetreuungszentren); Selbsthilfe für Eltern und Kinder (Tagesbetreuung, Spielinitiativen, Eltern-Kind-Gruppen, Schularbeitszirkel, Errichtung und Betreuung von Spielplätzen); Engagement im Tierschutz; Einkaufsclubs; Mitfahrgemeinschaften und freiwillige Transportleistungen; Selbsthilfe im Bau- und Wohnbereich (kooperatives Wohnen, kooperatives Bauen und Ausbauen) wie etwa Reparatur und Installation; Pflege und Erhaltung von Erholungsflächen und Naturgebieten; Mitarbeit in Gemeinwesen, etwa im Rahmen von Nachbarschaftsorganisationen und sog. „kleinen Netzen"; Selbsthilfegruppen im therapeutischen Sinn; Beratung und Bildung; sportliche, gesundheitliche, kulturelle Betreuung im Rahmen von Vereinen; Lernarbeit in Schulen, Hochschulen, Volkshochschulkursen oder im Selbsthilfeunterricht.

Diese freiwilligen Assoziationen wirken auch mit bei der Definition und Produktion von „Gemeinwohl". Es ist längst nicht mehr nur der Staat, der in einem übergreifenden Sinne den Inhalt des Gemeinwohls bestimmt, allein schon deshalb, weil es für den Staat in der Fortentwicklung der Globalisierung zunehmend schwieriger wurde, die Gegenleistung für seine Monopolmacht zu erbringen: dies waren in früheren Zeiten Gewährleistung von ausreichender Beschäftigung, von sozialer Sicherheit und von nachhaltiger Entwicklung. Da der Staat zunehmend unfähiger wurde, diese Leistungen zu erbringen, nahmen die zivilgesellschaftlichen Institutionen ihm in vielerlei Hinsicht sozusagen das Heft aus der Hand und beteiligten sich durch ihre Aktionen wie auch durch Kommunikation ihrer Ziele und eben dieser Aktivitäten in der Öffentlichkeit an der Diskussion darüber, was der Inhalt von Gemeininteressen und Gemeinwohl sein soll. Überraschend war dabei für viele – neben dem breiten Engagement der Bürger –, daß die Aktivitäten der zahlreichen Gruppen, Assoziationen und Netzwerke im großen und ganzen auch von verantwortungsethischen Überlegungen geprägt waren: Die Überzeugung, daß der Staat oder der Markt nicht mehr klar vorgeben können, was im Interesse der Allgemeinheit ist, hat dazu geführt, daß bei vielen die Überzeugung gewachsen ist, mit derartigen freiwilligen Assoziationen und Netzwerken nicht nur Eigeninteressen zu verfolgen, sondern auch die Rückwirkungen auf andere zu berücksichtigen.

Die (Mit-)Formulierung des Gemeinwohls hat sich auch in einer etwas veränderten Rolle von klassischen *Lobbyistenverbänden* niedergeschlagen, die früher vor allem Träger von Partikularinteressen waren: Sie sollten lediglich individuelle gesellschaftliche Interessen aggregieren und in die politische Willensbildung hinein vermitteln. Rücksicht auf andere Interessen brauchten sie dabei nicht zu nehmen, da letztlich der Staat seine übergeordnete Rolle hatte. Mittlerweile sind sie aktiv an der Formulierung und Implementation von Politik beteiligt; dies verlangt eine vermehrte Rücksicht auf andere Interessen, die sie auch in zunehmendem Maße leisten.

Insbesondere Arbeitgeberverbände und Gewerkschaften haben in dieser Hinsicht eine wesentliche Bedeutungssteigerung erfahren. Neben ihrem Einbezug in die Politikgestaltung hat auch der im Zeichen der Globalisierung schon totgesagte *Korporatismus* wieder eine Renaissance erlebt: Sowohl im Rahmen der Tarifautonomie wie auch bei anderen korporatistischen Arrangements kommt den Verbänden der Arbeitgeber und Arbeitnehmer eine wichtige Steuerungsfunktion insbesondere des Arbeitsmarktes zu. Auch hier wurden wieder staatliche und marktliche Regulierungsmechanismen entlastet.

Trotz dieser gesteigerten Bedeutung von Verbänden bei der Formulierung und Implementierung von Politik spielt natürlich auch weiterhin der Lobbyismus im klassischen Sinne eine Rolle. Verschiedenste Organisationen versuchen ihre Interessen sowohl gegenüber dem Staat als auch gegenüber Unternehmen geltend zu machen. An erster Stelle sind hier natürlich die Umweltverbände zu nennen, aber auch andere „Stakeholder“ (d. h. einzelne oder Gruppen, die von Unternehmenstätigkeiten betroffen sind oder sie auch beeinflussen können), z. B. Verbraucherorganisationen. Hier hat sich ganz Erstaunliches getan: War früher die Stakeholder-Society – ein Unternehmen, das seine „Stakeholder“ aktiv bei der Formulierung der Unternehmenspolitik einbezieht – eine versponnene Idee einiger naiver Reformer, so ist die Einflußnahme insbesondere auf Unternehmen von seiten der verschiedensten Anspruchsgruppen fast zu einer Selbstverständlichkeit geworden. Gesellschaftliche Selbstverpflichtungen der Unternehmen, etwa in bezug auf Umweltschutz oder Arbeitsplätze, gehören mittlerweile zum gewohnten Bild.

Der Einfluß national wie international konstituierter zivilgesellschaftlicher Akteure auf Großunternehmen hat stark zugenommen. Vereinigungen und Initiativen, die bisher außerhalb der institutionalisierten Arbeitsbeziehungen standen, erreichen dabei auf höchst unterschiedlichen Wegen Einfluß auf Unternehmensentscheidungen: durch Mobilisierung der "Konsumentenmacht" mittels Aufklärungskampagnen, Boykottaufrufen etc., durch Bedrohung des Images der Unternehmen in der Öffentlichkeit, Bindung von Investitionsentscheidungen spezieller Investmentsfonds an soziale und ökologische Kriterien, Kooperationen von Nonprofit-Organisationen, wie Greenpeace, mit Unternehmen in der Produktentwicklung oder durch direkten Widerstand etwa von Bürgerinitiativen gegen Unternehmensentscheidungen.

Andere Organisationen haben aktiv in die internationale Politik eingegriffen. Dabei verstehen sie sich als Gegenmacht zu staatlicher Politik versuchen alternative Politikkonzeptionen zu erzwingen. Oft haben sie dabei Erfolg.

Fallbeispiel: Die Internationale Kampagne zum Verbot von Landminen (IBCL)
Die ICBL konnte allein in Deutschland, einem führenden Produzenten von Landminen, innerhalb weniger Monate 500 000 Unterschriften für ein Minenverbot mobilisieren; eine Zahl, die deutlich höher liegt als bei der Brent Spar Kampagne. Die ICBL entstand Ende 1991; sie ist ein weltweites Netz von mittlerweile 60 nationalen Kampagnen, die ihrerseits wiederum aus dem Zusammenschluß von Nicht-Regierungsorganisationen (*Non-Governmental Organisations*, NGO), kirchlichen Verbänden und politischen Initiativen bestehen. Sie kann kaum als soziale Bewegung bezeichnet werden, sondern ist vielmehr eine weltumspannende Vereinigung von mehr oder weniger professionell agierenden NGOs und Verbänden. Ihr ist es gelungen, eine tragfähige autonome Kooperationsebene zu schaffen, über die sich eine internationale Öffentlichkeit konstituieren ließ. Zu „medico international" und der VVAS kamen zunächst mit „Human Rights Watch", den „Physicians for Human Rights" (beide USA), „Handicap International" (Frankreich) und der britischen „Mines Advisory Group" vier weitere hinzu, die 1992 ein erstes *steering committee* bildeten. Ein Jahr später trafen sich ca. 50 Organisationen zur ersten ICBL-Konferenz, die für sich und ohne Bezug zum einschlägigen Terminplan internationaler Konferenzen in London stattfand. Die gut 1000 Organisationen, welche die ICBL heute weltweit bilden, sind nicht über einen der sogenannten „Gegengipfel" mobilisiert worden, als Reflex auf die UN-Tagesordnung sozusagen, sondern in einem zunächst völlig selbständigen Organisierungsprozeß, der eine eigene Agenda setzte und umgekehrt die UN in Zugzwang brachte.

Die ICBL hat eine wenig formalisierte innere Struktur. Sie besteht aus einem *steering committee*, das sich in unregelmäßigen Abständen trifft und dessen Mitglieder per Akklamation bestätigt wurden. Eine Koordinatorin, im Büro der Vietnam-Veteranen angestellt, sorgte bis Ende 1997 für die notwendige Kommunikation untereinander. Der intensive Erfahrungs- und Informationsaustausch, die Diskussion von Ideen sowie die notwendigen Abstimmungen untereinander wären ohne konsequente Nutzung moderner elektronischer Kommunkationsmittel, v.a. des e-mails nicht denkbar gewesen.

Die ICBL ist finanziell unabhängig; sie erhielt zu keiner Zeit öffentliche Zuschüsse für ihre Arbeit auf internationaler Ebene, wenn auch einige der ihr angehörenden NGOs staatlich subventioniert werden.

Auf deutscher Ebene entstand bereits 1992 ein Trägerkreis, dem Abrüstungsinitiativen, friedenspolitische Gruppen, sozial engagierte Ärzte und Menschenrechtsorganisationen angehörten. Um den Einfluß zu erhöhen, bildete sich 1995 zusätzlich der „Deutsche Inititiativkreis zum Verbot von Landminen", dem – im Unterschied zum Trägerkreis – Vertreter von entwicklungspolitisch tätigen Organisationen angehören, die – wie MISEREOR, Brot für die Welt, UNICEF, Terre des Hommes – zur etablierten NGO-Struktur zählen. Eineinhalb Jahre lang traf sich dieser Kreis aus 16 NGO-Vertretern zu monatlichen Koordinationssitzungen in der Frankfurter Geschäftsstelle von medico. Der Initiativkreis zeichnete sich durch hohe Kontinuität in der Mitwirkung und Verbindlichkeit gegenüber den Zielen aus; die Aktivitäten wurden konsensual beschlossen und in flexibel wechselnden Arbeitsgruppen ausgeführt. Der Initiativkreis entwickelte sich parallel zur Gründung des Gesamtverbandes entwicklungspolitischer NGOs (VENRO). Innerhalb der NGO, die sich mit Fragen der Entwicklungspolitik befassen, spielte der Initiativkreis nur eine marginale Existenz, weil andere Themen im Vordergrund standen. Gleiches gilt für den Zusammenschluß VENRO, der eher als Reaktion auf das staatliche

Bedürfnis nach einem kooperativen Ansprechpartner heraus entstanden ist. Diese Marginalisierung führte dazu, daß die Breite der Unterstützung für das Anliegen des Initiativkreises zunächst von der Regierung, insbesondere dem Auswärtigen Amt nicht wahrgenommen wurde und somit die Kampagne überraschend kam. Das Bundesverteidigungsministerium verfolgte das Anliegen, die Beibehaltung von Minen öffentlich zu rechtfertigen, war aber von der bereits laufenden Kampagne in die Defensive gedrängt. Das Auswärtige Amt konnte für eine Unterstützung gewonnen werden. Auch die Rüstungsindustrie sah nicht mehr ihre Geschäftsperspektive in der weiteren Produktion der Landminen, sondern in deren professioneller Beseitigung. Damit konnte die Bundesrepublik als Vorreiter im Kampf gegen die Minen Profil gewinnen; diese Entscheidung wurde getroffen, ohne daß die transatlantischen Bündnispartner konsultiert worden waren. Die deutsche Haltung hatte Signalfunktion: Erstmals war ein bedeutendes Land der NATO aus der Front der Minenbefürworter ausgeschert. Somit war die Veränderung nationalstaatlicher Politik Auslöser für eine Kettenreaktion, die schließlich zu veränderten internationalen Politiken führten. Auf der internationalen Ebene hat die ICBL auf die multilateralen Vertragsverhandlungen Einfluß ausgeübt, indem sie bis in die Formulierung einzelner Vertragspassagen hineinwirkte. Das internationale Abkommen ist ungewöhnlich weitreichend: Ein Waffenverbot wird mit konkreten Abrüstungsauflagen und weitreichenden humanitären Anliegen gekoppelt. Die Vertragspartner verpflichten sich neben der Ächtung von Landminen zur Entminung, zur Rehabilitation der Opfer sowie ihrer sozialen wie ökonomischen Reintegration. Schwachpunkte des Abkommens sind, daß die USA und China nicht zu den Unterzeichnern gehören und die Beschränkung auf Anti-Personen-Minen in der Definition Interpretationsspielräume offenläßt.

Zivilgesellschaftliche Initiativen haben sich zum Teil als Gegenbewegungen zur Globalisierung konzipiert: Viele politische Bewegungen verstanden sich als Widerstand gegen das neoliberale Projekt der Globalisierung. Weltweite Initiativen waren vielfach auf einzelne Auswüchse des globalen Kapitalismus konzentriert: auf Kinderarbeit, Umweltzerstörung, etc. Inzwischen haben NGOs in der internationalen Politik wesentlich mehr Gewicht erlangt; sie sind mit Sitz und Stimme in internationalen Organisationen und Konferenzen vertreten. Allerdings sind auch „bescheidenere“ zivilgesellschaftliche Gruppen, die lediglich regional oder lokal arbeiten, zumindest teilweise als Reaktion auf die Globalisierung zu erklären. Die fortschreitende Individualisierung und Entgrenzung im Zuge der Globalisierung hat für viele Menschen zu einer Überforderung geführt. Die Mitarbeit in Gruppen und Organisationen gerade auf lokaler Ebene stärkt wieder das Gefühl, einer Gemeinschaft anzugehören und nicht nur ein bedeutungsloses Rädchen im Weltgetriebe zu sein.

Wirkung entfalteten internationale zivilgesellschaftliche Akteure insbesondere durch die über Massenmedien erreichbare Mobilisierung der Konsumentenmacht in den reichen Industrieländern. Der Einfluß auf Kaufentscheidungen reguliert partiell das Verhalten von Unternehmen. Die Sensibilität der Unternehmen nahm ebenso zu, wie die Initiativen und Vereinigungen dank neuer Medien an Mobilisierungsfähigkeit gewannen. „Gütesiegel“, die von Nonprofit-Organisationen vergeben wurden, sowie Selbstverpflichtungen der Unternehmen beziehen sich inzwischen auf quantitative und qualitative Beschäftigungsziele wie auf die Berücksichtigung ökologischer Kriterien. Damit ließ sich eine stärkere Verpflichtung der Unternehmen auf gesellschaftliche Ziele, eine Erhöhung ihrer sozialen Verantwortlichkeit verbinden.

Bei all diesen positiven Aspekten darf natürlich nicht verschwiegen werden, daß mit der Bedeutungssteigerung zivilgesellschaftlicher Assoziationen nun keineswegs das Paradies angebrochen ist: Konflikte sind an der Tagesordnung. So mancher Verband hat zwar die Gemeinwohlorientierung auf seine Fahnen geschrieben, aber dann ist es bei entsprechenden Absichtserklärungen geblieben. Die ständige Selbstkontrolle, ob die Verfolgung der Verbandsinteressen nicht mit anderen Werten und Interessen in Konflikt gerät, funktioniert keineswegs perfekt. Auch die Vereinbarungen mit Unternehmen kommen oft erst nach harten Auseinandersetzungen zustande und immer wieder wird auch heftig über die Legitimität bestimmter Interessen debattiert, die an das Unternehmen herangetragen werden.

Auch darf nicht übersehen werden, daß die gesellschaftlichen Handlungsfähigkeiten von Verbänden und zivilgesellschaftlichen Organisationen extrem unterschiedlich verteilt sind: nicht jede Organisation kann genügend Ressourcen mobilisieren, um sich Gehör zu verschaffen oder um seine Vorhaben auch durchzuführen. Entsprechend unterschiedlich sind die Macht- und Einflußpotentiale verteilt.

Schließlich hat oftmals das Engagement der Bürger auch seine Schattenseite: denn der Möglichkeit der vielfältigen Teilhabe steht auch der soziale Druck gegenüber, der nicht oder minder kooperationswilligen Personen auferlegt wird: Aus der Möglichkeit kann dann sehr schnell eine ungeliebte Pflicht werden.

6.1.2 Arbeitslosigkeit, Alterssicherung und Umweltschutz

6.1.2.1 Arbeitslosigkeit: Dritter Sektor und Korporatismus

Vor dem Hintergrund der rasanten technologischen Entwicklungen gewannen Thesen, die von einem generellen „Ende der Arbeitsgesellschaft“ ausgingen, immer mehr an Bedeutung. Mit der „dritten technologischen Revolution“ war durch die voranschreitende Automatisierung der Produktion und großer Teile des Dienstleistungssektors ein enormer Produktivitätsschub verbunden, der immer mehr Menschen freisetzte, die im Rahmen einer marktwirtschaftlichen Ordnung nicht durch entsprechend hohe Wachstumsraten wieder in den Arbeitsmarkt zurückgeführt werden konnten („*jobless growth*“). Hinzu kam, daß angesichts der immer stärker ins Bewußtsein rückenden ökologischen „Grenzen des Wachstums“ (Club of Rome) eine auf dauerndem Wachstum beruhende Wirtschaftsentwicklung nicht länger als wünschenswert angesehen werden konnte. In der Gesellschaft setzte sich die Überzeugung durch, daß „mehr Markt“, „mehr Staat“ oder „mehr Wachstum“ keine Beiträge zur Lösung dieses Problems liefern konnten. Es war nicht ersichtlich, wo in der herkömmlichen Wirtschaft die neuen Arbeitsplätze herkommen sollten.

Statt dessen wurden andere Ideen aktuell: Der gemeinwirtschaftliche und gemeinnützige Sektor sowie die informelle Ökonomie bot Lösungsmöglichkeiten für das Problem der Arbeitslosigkeit, das innerhalb der formellen Ökonomie nicht mehr zu bewältigen war.

Dabei steht heute der sogenannte „Dritte Sektor“ im Mittelpunkt, d.h. der gesamte ökonomische Bereich, der zwischen Markt und Staat angesiedelt ist: Es handelt sich dabei um Organisationen, die gegenüber der staatlichen Politik und

Verwaltung (relative) Eigenständigkeit bewahren und in ihrer Teilnahme am Wirtschaftsprozeß nicht profitorientiert sind. Zur insgesamt sehr heterogenen Gruppe der sogenannten Nonprofit-Organisationen sind Genossenschaften, Wohlfahrtsverbände, öffentliche und gemeinnützige Unternehmen, gemeinnützige Vereine, Selbsthilfeinitiativen usw. zu zählen.

Empirisch hatte der Dritte Sektor seit den 70er Jahren weltweit an Bedeutung gewonnen: Zwischen 1970 und 1987 sind etwa ein Fünftel aller neu geschaffenen Arbeitsplätze im Dritten Sektor entstanden. Die rasante Expansion dieses Sektors wies darauf hin, daß es eine zunehmende Anzahl von Bereichen gibt, in denen ein kollektiver Bedarf besteht, der weder über den Markt noch durch den Staat ausreichend befriedigt werden kann. Zu den vielfältigen Tätigkeitsfeldern des Dritten Sektors gehören u.a. Sozial- und Gesundheitsdienste (z.B. Altenarbeit und Altenbetreuung, Pflege, Familienarbeit, neue lokale und. stadtteilorientierte Betreuungsformen), Sozialarbeit (z.B. Konfliktbewältigung, Sucht-, Drogen-, Krankheitsberatungen), Umweltschutz und Stadterneuerung (Renaturierung, Flächenreaktivierung, Bodensanierung; sozialer Wohnungsbau, Waldsanierung, Pflege ungenutzter Flächen, Denkmalpflege) sowie Kultur und Bildung.

Das starke Wachstum, vor allem im Gesundheitswesen und in den sozialen Diensten, setzt sich fort. Dabei war von Anfang an klar, daß dieser Dritte Sektor in beträchtlichem Ausmaß auch eine staatliche Alimentierung benötigte. Dazu wurde beherzt eine alte Empfehlung der Arbeitsgruppe Alternative Wirtschaftspolitik umgesetzt, die schon seit längerem einen öffentlich geförderten Beschäftigungssektor vorgeschlagen hatte. Anstelle der Finanzierung von Arbeitslosigkeit oder der Subventionierung von Niedrigeinkommen wurde vom Staat die Bildung von neuen finanziellen Fonds zur Finanzierung von sozialen, kulturellen und ökologischen Gemeinschaftsaufgaben unterstützt. Dabei zeigte sich, daß die meisten Tätigkeitsbereiche im öffentlich geförderten Beschäftigungssektor eine erhebliche Selbstfinanzierungsquote aufweisen, die nach einer anfänglichen Subventionierung inzwischen bis zu 80% beträgt. Nach einem staatlichen Einsatz von rund 50 Mrd. DM konnten so in kurzer Zeit etwa 1 Million neuer Arbeitsplätze in diesem Sektor geschaffen werden. Hinzu kamen freiwillige Spenden, die von der Steuer absetzbar waren sowie ein Sozialsponsoring von Unternehmen in großem Umfang.

Durch diese recht feste Finanzierungsgrundlage ist es inzwischen möglich, daß expandierende personenbezogene Dienstleistungen (Kinderbetreuung, Pflege, Übernahme von Behördengängen, Nachhilfeunterricht, etc.) nicht individuell und in prekären Beschäftigungsverhältnissen oder Schwarzarbeit, sondern von Nonprofit-Organisationen angeboten werden. Diese agieren zwar kommerziell, indem sie Marktpreise für professionelle Leistungen verlangen, orientieren sich aber beispielsweise auch am Ziel der Integration von Beschäftigten und insbesondere von Problemgruppen des Arbeitsmarktes.

Als weniger berechtigt haben sich die Prognosen herausgestellt, die in den Betätigungs- und sozialen Integrationsformen jenseits der Lohnarbeit eine der zentralen Hoffnungen zur Lösung der Krise der Arbeitsgesellschaft sahen. Dazu gehören individuelle „Eigenarbeit" auf der einen und kollektive bzw. gesellschaftliche Initiativen auf der anderen Seite. Zu letzteren zählen „Kooperationsringe",

Tauschkreise (LETS), Bürgerarbeit, Seniorengenossenschaften etc. Sie beruhen, was die gesellschaftlichen Voraussetzungen betrifft, auf Selbstorganisation und Gegenseitigkeit und beziehen sich inhaltlich auf alles, was durch Markt- und Staatsversagen an ungedeckten Bedürfnissen anfällt: Kinderbetreuung, Altenpflege, Gartenarbeit, Dorferneuerung, Beseitigung von Altlasten etc. Unter der Bedingung anhaltender Massenarbeitslosigkeit, Niedriglöhne und damit reduzierter kaufkräftiger Nachfrage einerseits sowie einer Verschlechterung der wohlfahrtsstaatlichen Versorgung ist dieser Sektor zwar kräftig gewachsen, aber dies hat mehr mit der Bewältigung des Mangels und der Organisiation des Verzichts zu tun als mit einem Reich der Freiheit: Zivilgesellschaftliche Assoziationen als Notgemeinschaften, die in gemeinsamer Anstrengung Leistungen organisieren, die ihnen der Staat nicht bot und die sie am Markt nicht bezahlen konnten.

Es stellte sich schnell heraus, daß die Voraussetzungen für die Entwicklung von Betätigungsmöglichkeiten jenseits der Lohnarbeit sowohl finanzieller als auch gesellschaftlicher Natur sind. Die ökonomische Basis von Eigenarbeit und gemeinnütziger Arbeit muß entweder durch staatliche Regulierung gesichert werden (Basiseinkommen, Bürgergeld etc.) oder bleibt selbst wiederum von Lohneinkommen abhängig. Eigenarbeit und gemeinnützige Arbeit setzen in der Regel ein (hohes) Lohneinkommen voraus und lassen sich daher schwerlich als Ersatz für Lohnarbeit konzipieren.

Auch wenn die Förderung des Dritten Sektors im Mittelpunkt eines zivilgesellschaftlichen Szenarios zur Zukunft der Arbeit steht, so spielen zivilgesellschaftliche Akteure doch auch im Markt- und im Staatssektor eine wichtige Rolle und übernehmen hier mitunter sogar wesentliche Entlastungsfunktionen für die zunehmenden Defizite marktwirtschaftlicher und etatistischer Steuerung. Ein klassisches Feld der Einbeziehung zivilgesellschaftlicher Akteure stellt die Regulierung der Arbeitsbeziehungen (Tarifautonomie) und die korporatistische Einbeziehung von Verbänden in die Wirtschafts- und Sozialpolitik dar. Nachdem der Korporatismus in den 80er Jahren bereits mehrmals tot gesagt wurde, kam es seit den 90er Jahren zu einer Renaissance: Nationale und regionale „Sozial- und Wettbewerbspakte" nahmen rasant zu. Eingebunden in korporatistische Arrangements mit staatlicher Politik kam den Arbeitgeberverbänden und Gewerkschaften in der Bewältigung der Beschäftigungskrise große Bedeutung zu. Gemeinsame Anstrengungen, etwa in Form eines „Bündnisses für Arbeit", führten zu einer Vielzahl von arbeitsmarktpolitischen Initiativen (etwa im Bereich Aus- und Weiterbildung, Arbeitsumverteilung/Arbeitszeitverkürzung usw.), die sowohl den Staat als auch die einzelnen Unternehmen unterstützen.

Das Feld der Arbeitsbeziehungen wurde (wieder) zum nahezu klassischen Beispiel sowohl für eine relativ weit entwickelte Selbstregulierung zivilgesellschaftlicher Akteure (Arbeitgeberverbände und Gewerkschaften) als auch für eine enge Kooperation mit staatlichen und marktwirtschaftlichen Akteuren. Das hierbei deutlich werdende Grundprinzip wird mit dem Stichwort „Stakeholder-Society" umschrieben. Kerngedanke ist die Berücksichtigung und Einbeziehung aller betroffenen Interessengruppen. Der Gedanke der Unternehmensmitbestimmung erhielt eine Erweiterung um andere relevante Stakeholder-Gruppen (etwa lokale Gemeinden, Umweltgruppen usw.). Damit bekam das Ziel der Beschäftigungssicherung auch in unternehmerischen Entscheidungen einen wesentlich größeren Stellenwert, den es auch heute noch hat.

Lokale Beschäftigungspakte – das Beispiel Zeitz
Die Region Zeitz in Sachsen-Anhalt hält mit einer Arbeitslosenrate von über 30% nach wie vor einen traurigen Rekordstand in Deutschland. Zu Zeiten der DDR arbeiteten in dem damaligen industriellen Kerngebiet mehr als 22.000 Beschäftigte in den Bereichen Bergbau, Chemie und Schwerindustrie. Heute sind von diesen Arbeitsplätzen gerade noch 2.500 übrig geblieben.

Im August 1996 kamen Vertreter der regionalen Verwaltung, in der Zeitz-Region ansässiger Unternehmen sowie Repräsentanten von Wirtschaftsverbänden, Arbeitgebern und Gewerkschaften zusammen und gründeten – mit Unterstützung der Europäischen Kommission – einen regionalen „Pakt für Arbeit". In einer gemeinsamen Vereinbarung formulierten die beteiligten Akteure das Ziel, in den nächsten fünf Jahren die regionale Arbeitslosigkeit zu halbieren. Ein gemeinsam eingerichtetes „Kontaktbüro" sollte fortan alle regionalen Beschäftigungsinitiativen koordinieren. Auf der Grundlage einer umfassenden Analyse der regionalen Wirtschafts- und Beschäftigungsprobleme entwickelten die im Beschäftigungspakt verbundenen Gruppen ein gemeinsames Zukunftsprogramm, das einen breiten Maßnahmekatalog von Programmen und Initiativen zur Beschäftigungsförderung enthält:

- Ansätze aus Eigeninitiative: Förderung zwischenbetrieblicher Kooperation, Verbesserung des Informationsflusses zwischen den regionalen Betreibern, bevorzugte Förderung neu gegründeter Unternehmen durch einheimische Endproduzenten, Bildung von Bietergemeinschaften usw.;
- Neuinvestition: Revitalisierung alter Industriebranchen zu einem Gewerbepark, Akquisition von Neuansiedlungen;
- Infrastrukturmaßnahmen für eine bessere Anbindung der Region;
- Landwirtschafts- und Nahrungsmittelproduktion: Vermarktung und Zugang zu überregionalen Märkten;
- Berufsausbildung: Konzentration auf Managementausbildung von regionalen Unternehmen und Qualifizierung im kaufmännischen Bereich;
- Errichtung einer Fachhochschule;
- Regionale Innovationsförderung für ansässige Unternehmen;
- Gezielte Außendarstellung der Region Zeitz.

Finanziell unterstützt wird der Beschäftigungspakt durch Mittel der Landesregierung und aus dem EU-Strukturfonds. Darüber hinaus wird durch die Einbeziehung der Banken in den lokalen Beschäftigungspakt die Bereitstellung von Risikokapital erleichtert.

6.1.2.2 Alterssicherung: Betreuung im Dritten Sektor

Alterssicherung hat in der zivilgesellschaftlichen Welt eine etwas weiter gesteckte Dimension als in der marktradikalen und der etatistischen Welt. In den letzteren geht es vor allem um die Frage der Finanzierung der Altersversorgung. Sekundär ist demgegenüber die Frage, wie die alten Menschen versorgt und betreut werden. Ist die Finanzierung einmal sichergestellt – sei es durch private Altersvorsorge, sei es durch eine staatliche Rente –, ist die Betreuung selbst ein untergeordnetes Problem und kann im wesentlichen von professionellen oder halbprofessionellen Organisationen in die Hand genommen werden.

In der zivilgesellschaftlichen Welt ist diese Dimension der Betreuung dagegen sehr viel stärker mit der Altersvorsorge im finanziellen Sinne verknüpft. Humane und soziale Dienstleistungen, die im Dritten Sektor angesiedelt sind, sind ja in der zivilgesellschaftlichen Welt voll entfaltet. Zahlreiche Menschen arbeiten innerhalb des „Dritten Sektors" in der Altenpflege und finden so eine Beschäftigungsmöglichkeit. Umgekehrt wird durch dieses zivilgesellschaftliche Engagement der Staat von bestimmten Versorgungsleistungen entlastet. Schließlich werden auch die älteren Menschen selbst in zivilgesellschaftliche Institutionen einbezogen, etwa im Rahmen ehrenamtlicher Arbeit.

Fallbeispiel: Die Voralberger Krankenpflegevereine
Die Vorarlberger Krankenpflegevereine können auf lange und lebendige Traditionen zurückblicken. Entstanden im 19. Jahrhundert in einer Zeit mangelhafter sozialer Absicherung zählen sie auch heute etwa die Hälfte der Bevölkerung des Landes zu ihren Mitgliedern. In manchen Gegenden gehören bis zu 90 % der Einwohnerinnen und Einwohner einem Krankenpflegeverein an. Insgesamt versorgen die 67 Vereine 100 Gemeinden. Dafür beschäftigen sie 150 ausgebildete Krankenschwestern. Der recht niedrige Mitgliedsbeitrag von umgerechnet DM 45 pro Jahr ermöglicht die Deckung von 40% der Kosten der Vereine, der Rest kommt von der Krankenkasse, vom Land und vom Bund. Das der Organisation innewohnende Solidaritätsprinzip zeigt sich darin, daß nur 10 % der Mitglieder Pflegeleistungen tatsächlich in Anspruch nehmen.

Um diese Altenbetreuung finanzieren zu können, war und ist allerdings ebenfalls eine staatliche Alimentation erforderlich. Neben der bereits erwähnten Subventionierung von Fonds zur Finanzierung von Gemeinschaftsaufgaben wurde auch die Rentenversicherung reformiert: Danach ist es jetzt möglich, auch durch die ehrenamtliche Tätigkeit in der Altenpflege Anwartschaften auf eine spätere Rente zu erwerben (ähnlich wie durch Kindererziehung). Dies trug auch verstärkt zu einem breiten Engagement in der Altenbetreuung bei.

6.1.2.3
Umweltschutz: Vernetzung, Kampagnen und Bürgerforen

Im Bereich des Umweltschutzes nutzen die zivilgesellschaftlichen Akteure mehrere Ansatzpunkte und Strategien der Einflußnahme:

1. die Vernetzung wirtschaftlicher, politischer und zivilgesellschaftlicher Kräfte in funktionalen Netzen;
2. medienwirksame Kampagnen entweder einzelner NGOs sowie auch ihrer Zusammenschlüsse;
3. die kontunierliche Beteiligung von NGOs innerhalb von internationalen Organisationen wie der UN sowie bei der Vereinbarung internationaler Regime;
4. auf lokaler Ebene die Zusammenführung von zivilgesellschaftlichen Kräften in Bürgerforen.

Zu 1.: Umweltpolitische Fragen wurden und werden immer stärker in funktionalen Netzen nach Problembereichen und Wirtschaftsbranchen organisiert. Netzwerkmitglieder sind Unternehmen, Verbände und NGOs sowie unter Umständen staatliche Akteure. Die funktionalen Netze fanden sich unter dem Stichwort: ‚Selbstverpflichtung der Industrie' zusammen. Dabei wurde die Organisationsform transnational ausgestaltet, da die meisten Mitglieder aus dem Bereich der Unternehmen ohnehin durch ihren transnationalen Charakter in mehreren nationalen Verbänden präsent waren. Der Anstoß zum Zusammenschluß funktionaler

Netzwerke kam meist durch NGOs, durch die Wissenschaft (Expertengremien) oder auch internationale Foren wie Umweltgipfeln der Vereinten Nationen zu bestimmten Themen.

Fallbeispiel: Responsible Care
Die chemische Industrie begann in den 80er Jahren damit, Umweltbelange als relevanten Bereich in ihr unternehmerisches Handeln miteinzubeziehen. Als sichtbares Zeichen ihrer internationalen freiwilligen Selbstverpflichtung wählten sie die ‚registered trademark‘ ‚Responsible Care®‘. Ihre internationale inhaltliche Entwicklung fand die ‚Responsible Care®‘-Initiative nach den Anfängen in den 80er Jahren vor allem in der Zeit nach dem Umweltgipfel von Rio de Janeiro 1992. Die chemische Industrie erklärte ‚Responsible Care®‘ zu einer brancheneigenen Operationalisierungsanleitung für die Chemiebranche zur Umsetzung des Leitbildes ‚Sustainable Development‘. Im Anschluß an den Gipfel und als Antwort auf das dort entworfene Leitbild wurden die Ziele konkretisiert und in den sogenannten „*fundamental guidelines*“ festgehalten. Dieser Anforderungskatalog, den jedes einzelne Mitglied erfüllen muß, um das Logo der Initiative nutzen zu können dient dazu, sich von anderen Initiativen anderer Industrien abzugrenzen und die eigenen Normen zu dokumentieren und verpflichtend zu machen. Im Rahmen der ‚Responsible Care®‘-Initiative verpflichtet sich die chemische Industrie dazu unter Berücksichtigung aller Sicherheits-, Gesundheits- und Umweltaspekte, nach ständigen Verbesserungsmöglichkeiten für ihre Leistungen zu suchen, die Mitarbeiter zu schulen und mit Kunden, Transportunternehmen, Lieferanten, Vertriebsorganisationen oder Gemeinden zusammenzuarbeiten und die Anwendung der Produkte sowie den gesamten Arbeitsprozeß zu überprüfen. Die Maßnahmen beziehen sich dabei sowohl auf die Verbands- und Unternehmensebene als auch auf landesspezifische und länderübergreifende Selbstverpflichtungen.

Zu 2.: Auf die Mobilisierung der Öffentlichkeit durch medienwirksame Kampagnen setzt eine zweite Strategie zivilgesellschaftlicher Kraft. Hier sind es vor allem die größeren gut organisierten NGOs, die einzelne Fälle von Ausbeutung und Schädigung der Umwelt herausgreifen und Informationen über Umweltsünder der Öffentlichkeit präsentieren. Mit spektakulären Aktionen wird breite Unterstützung von Bürgern und Konsumenten organisiert. Thematisiert wird sowohl das Fehlverhalten von Staaten als auch das von multinationalen Konzernen. War die Aktion von Greenpeace gegen die geplante Versenkung der Brent Spar-Ölplattform noch spektakulär und ungewöhnlich, so finden inzwischen in regelmäßigen Abständen derartige Aktionen statt, die oft auch zu Veränderungen im Verhalten von Staaten und Unternehmen führen.

Zu 3.: In den Verhandlungen internationaler Organisationen wie der UN sowie internationaler Regime wie u.a. das CO2-Regime sind Experten-Netzwerke sowie NGOs kaum mehr wegzudenken. So sind bei den internationalen Umweltkonferenzen der UN in Rio offiziell über tausend NGOs zugelassen und an der Formulierung der Ziele und Maßnahmen beteiligt.

Zu 4.: Auf der lokalen Ebene kommen bei der Lösung umweltpolitischer Probleme Bürgerforen, Meditationsverfahren wie auch runde Tische zum Einsatz. Hier führt der Staat als Moderator die Betroffenen zusammen und überträgt ihnen die Diskussion strittiger Projekte sowie die Ausarbeitung von Lösungsvorschlägen. Dem Staat kommt hier die Rolle des Rahmengestalters zu, die Arbeit wird von den unterschiedlichen Betroffenengruppen geleistet. Für die Erforschung von Technikfolgen vor allem auf die Umwelt wird ein wissenschaftliches Instrumentarium benötigt, das erlaubt, so exakt, umfassend und objektiv wie möglich Prognosen über die zu erwartenden Auswirkungen von Technik abzugeben. Für die Technikfolgenbewertung werden Kriterien gebraucht, die eine von verschiedenen Menschen gemeinsam nachvollziehbare verbindliche Beurteilung der Folgen ermöglichen. Da solche Kriterien nicht allein aus der Wissenschaft abzuleiten sind, müssen sie in einem politischen Prozeß durch die Gesellschaft entwickelt und festgestellt werden. Hierzu wird ein Gestaltungs-Diskurs mit den von Folgen der Technikentwicklung betroffenen Bürgern und mit der allgemeinen Öffentlichkeit geführt , da ohne eine Verständigung über Werte und Lebensformen eine sinnvolle Abwägung nicht getroffen werden kann.

Fallbeispiel: Bürgerforen in Baden-Württemberg

In Baden-Württemberg arbeitet die Akademie für Technikfolgenabschätzung in Baden-Württemberg seit ihrer Gründung im Jahre 1992 an dem Versuch, konventionelle und innovative Verfahren zur Durchführung von Gestaltungs-Diskursen zu erproben. Als öffentliche Stiftung des Landes besitzt sie die Unabhängigkeit, um über alle Interessen hinweg eine möglichst objektive Folgenforschung durchführen zu können. Diese verknüpft sie mit diskursiven Formen der Bewertung und Vermittlung von Technik. Ziel ist, betroffene Gruppen aus Wirtschaft, Politik und Sozialleben durch Wissen und Verfahrensvorschläge besser in die Lage zu versetzen, eigenverantwortlich und im Einklang mit Fakten und sozialen Präferenzen Entscheidungen zu treffen. Eines der innovativen Instrumente, um diesen Auftrag in die Praxis umzusetzen, stellen die sogenannten Bürgerforen dar. Solche Foren bestehen aus Bürgerinnen und Bürgern, die stellvertretend für ihre Mitbürger Bewertungen von technischen Optionen, Regulationsvorschlägen oder Zukunftsszenarien vornehmen. Damit jeder Bürger die gleiche Chance hat, an diesen Bewertungen teilzunehmen, werden die Mitwirkenden an den Bürgerforen wie bei Meinungsumfragen nach dem Zufallsprinzip ausgewählt. Die Teilnehmer erhalten ausreichende Informationen über die zu bewertenden Optionen und können sich in kleinen Diskussionsgruppen ausgiebig mit den Vor- und Nachteilen auseinandersetzen. Die Ergebnisse solcher Bürgerforen sind Empfehlungen an die Entscheidungsträger in Politik und Wirtschaft. Ähnlich wie die Sachgutachten von Ingenieurbüros oder die Ergebnisse der Technikfolgenforschung den Entscheidungsträgern helfen, die zu erwartenden Folgewirkungen bei ihren Entscheidungen mit zu bedenken, so haben auch die Wertgutachten der Bürgerforen die Funktion, den Entscheidungsträgern Auskunft über die zu erwartenden Präferenzen der von Entscheidungen betroffenen Bürger zu geben. Beide Formen der Politikberatung sind also nicht als Ersatz für politisches Handeln und Entscheidungen gedacht, sondern vielmehr als eine Verbesserung und Bereicherung der Entscheidungsvorbereitung. Aus diesem Grunde machen Bürgerforen auch nur Sinn, wenn sie im Vorfeld von politischen oder wirtschaftlichen Entscheidungen veranstaltet werden.

Vor diesem Hintergrund hatte die Akademie für Technikfolgenabschätzung in Baden-Württemberg sich entschlossen, den gesellschaftlichen Diskurs mit der allgemeinen Öffentlichkeit und mit Betroffenen in der Form von „Bürgerforen" jeweils als abschließende Phase III der Projekte „Biotechnologie/Gentechnik – eine Chance für neue Industrien in Baden-Württemberg?" (1995), „Klimaverträgliche Energieversorgung in Baden-Württemberg" (1996) und „Bürgerbeteiligung an der Abfallplanung für die Region Nordschwarzwald" (1996) durchzuführen.

6.2
Handlungsempfehlungen für die zentralen Akteure

6.2.1
Handlungsempfehlungen für Unternehmen: Problemlösung und Kooperation an runden Tischen

Im zivilgesellschaftlichen Szenario nimmt die Bedeutung des Marktes und der staatlichen Regulierung etwas ab. Demgegenüber nehmen die zivilgesellschaftlichen Akteure an Bedeutung zu, worauf sich die Unternehmen einstellen müssen. Generell wird es in einem solchen Szenario verstärkt darauf ankommen, eine größere Zahl von Anspruchsgruppen bei der Planung und Durchführung der Unternehmenstätigkeiten zu berücksichtigen. Dabei wird sich die Berücksichtigung von zivilgesellschaftlichen Akteuren nicht in einem Lippenbekenntnis zu vermehrter sozialer Verantwortung erschöpfen können; wollen die Unternehmen in einer Welt bestehen, in denen die zivilgesellschaftlichen Organisationen eine starke Position innehaben, müssen sie deren Anliegen effektiv in ihre Planungen einbeziehen.

Selbstverständlich ist auch in diesem Szenario die Produktion und der Verkauf marktfähiger Güter und Dienstleistungen die Kernaufgabe von Unternehmen, aber die Rahmenbedingungen, unter denen diese Aufgabe abläuft, sind andere. Vor allem sind die Bedingungen um einiges „unschärfer" als etwa im etatistischen Szenario. Dort ist es aufgrund der gesetzlichen Regelungen relativ einfach, den Rahmen anzugeben, innerhalb dessen sich die Unternehmen bewegen können und dürfen und auch die Veränderungen sind eher abschätzbar – einfach deshalb, weil die Quelle dieser Veränderungen von Rahmenbedingungen in allererster Linie der Staat ist. Im zivilgesellschaftlichen Szenario sieht dies anders aus, da die Veränderung der Rahmenbedingungen von mehreren Seiten kommen kann: Neben dem Staat haben sich in Gestalt der zivilgesellschaftlichen Akteure eine Vielzahl anderer ordnungs- und rahmensetzender Instanzen etabliert. Zwar besitzen sie nicht die formelle Gewalt, die der Staat zur Durchsetzung seiner Gesetze und Verordnungen innehat, aber oft können sie durch Mobilisierung von Konsumentenmacht oder ähnliche Mittel einen wirksamen Druck auf die Unternehmen ausüben; die Beachtung von Anspruchsgruppen liegt daher in einer zivilgesellschaftlichen Welt im ureigensten Interesse von Unternehmen.

6.2.1.1
Koordination mit zivilgesellschaftlichen Akteuren

Es ist für die Unternehmen in einer zivilgesellschaftlichen Welt von entscheidender Bedeutung, sich bei ihren Aktivitäten und Projekten zumindest mit den entscheidenden zivilgesellschaftlichen Akteuren zu koordinieren, schon allein, um unliebsame Überraschungen in Gestalt von Boykotten und ähnlichem zu vermeiden. Auf der anderen Seite kann die Koordination mit wichtigen zivilgesellschaftlichen Akteuren ein wichtiges Marketing-Argument sein: Ein Unternehmen, das auf seinen Produkten ein Label: „von Greenpeace für umweltfreundlich befunden" anbringen kann, wird in einer Welt einen Vorteil haben, in der auf die Aussagen und Stellungnahmen zivilgesellschaftlicher Akteure und *pressure groups* großer Wert gelegt wird.

Für eine solche Koordination gibt es mehrere Möglichkeiten, von denen einige genannt seien.

a) Suche nach zivilgesellschaftlich aktiven Mitarbeitern

Die einfachste Methode, um gegenüber den Ansprüchen zivilgesellschaftlicher Akteure als Unternehmen gewappnet zu sein, besteht darin, sich um Mitarbeiter zu bemühen, die selbst zivilgesellschaftlich aktiv sind. Auch auf diese Weise ist es für Unternehmen möglich, in Kontakt mit Strömungen in der Gesellschaft zu bleiben. Der Aufgabenbereich solcher Mitarbeiter kann einmal darin bestehen, daß sie zu den wichtigen Gruppen Kontakt halten und auf diese Weise das Unternehmen mit Informationen versorgen können. Zum anderen können Mitglieder der relevanten zivilgesellschaftlichen Gruppen in den sensiblen Bereichen des Unternehmens als befristete oder dauerhafte Mitarbeiter eingestellt werden, so daß die Ansprüche dieser Gruppen bereits bei der Planung und Weiterentwicklung berücksichtigt werden können.

b) Einrichtung runder Tische als Etablierung eines Stakeholder-Dialogs

Der runde Tisch ist üblicherweise eine Institution, die nur in Ausnahmefällen und dann in erster Linie auf hoher politischer Ebene eingerichtet wird, um gravierende Gesellschaftsprobleme zu lösen oder zumindest zu entschärfen. Ein Beispiel dafür ist die Arbeitslosigkeit.

Im zivilgesellschaftlichen Szenario werden derartige „runde Tische" sehr viel verbreiteter sein – auch auf verschiedenen Ebenen in der Gesellschaft. Insbesondere Unternehmen werden gut beraten sein, derartige runde Tische mit den relevanten Anspruchsgruppen (*Stakeholdern*) relativ frühzeitig einzuberufen. Dabei wird die Beantwortung der Frage bedeutend sein, welche Anspruchsgruppen von den Unternehmen als relevant angesehen werden. Aus einer rein eigeninteressierten, allerdings vielleicht etwas kurzfristigen Perspektive wird das Unternehmen lediglich die Anspruchsgruppen als relevant ansehen, die die Tätigkeit des Unternehmens (und seinen Gewinn) beeinflussen können. Damit sind in erster Linie die Mitarbeiter des Unternehmens gemeint sowie darüber hinaus noch Gruppen, die in der Lage sind, auf das Unternehmen einen wirksamen Druck auszuüben. Hier wären z. B. machtvolle Konsumenten- oder Umweltschutzverbände anzusprechen, die zur Organisation von Boykotts in der Lage sind. Beschränkt sich ein Unternehmen allerdings auf den Einbezug solcher Gruppen, bedeutet das beinahe zwangsläufig ein rein reaktives Verhalten: Den Forderungen gesellschaftlicher Anspruchsgruppen wird immer gerade soweit nachgekommen (oder es werden zumindest Verhandlungen mit ihnen aufgenommen), wie es den Druck- und Kampagnemöglichkeiten dieser Gruppen und Organisationen entspricht. In diesem Fall läuft ein Unternehmen allerdings eher den Entwicklungen in der Gesellschaft hinterher als daß es in der Lage wäre, ihnen konstruktiv zu begegnen und die Anliegen zivilgesellschaftlicher Akteure, soweit möglich, in ihre Aktivitäten einzubeziehen. Aus diesem Grund wird es für die Unternehmen angezeigt sein, bei der Suche nach den Mitgliedern der runden Tische nicht zu eng vorzugehen; der Einbezug einer größeren Anzahl von Personen und Gruppen, die ein Unternehmen nicht nur beeinflussen können, sondern auch von der Unternehmenstätigkeit betroffen sind, kann dem Unternehmen einen Vorteil nicht nur bezüglich seines Images, sondern auch auf dem Markt verschaffen: Unternehmen, die auf diese Weise den Finger am Puls der Zeit, oder besser: an neuen gesellschaftlichen Entwicklungen haben, können so auch einen Vorsprung bei der Herstellung und dem Verkauf darauf abgestellter Produkte erzielen.

In einer noch weitergezogenen Variante des *Stakeholder*-Konzepts wird im Prinzip jeder Person das Recht zuerkannt, gegen Tätigkeiten der Unternehmung Einwände zu erheben und eine Begründung für bestimmte Tätigkeiten zu verlangen, die für die Öffentlichkeit von Interesse sind.

Es gibt viele Möglichkeiten, wie so ein enger oder weiter gefaßtes *Stakeholder*-Konzept bzw. ein runder Tisch in die Tat umgesetzt werden kann. Vorgeschlagen wird zum Beispiel die Einrichtung eines *Stakeholder Board of Directors*, das jeweils von einer *Stakeholder Assembly* gewählt wird und das Repräsentanten der Eigentümer, der Mitarbeiter, der Kunden, der Lieferanten, der Standortgemeinde und eventuell noch weiterer *Stakeholder* umfaßt. Als Konsequenz aus diesem Konzept ergibt sich letztlich die Leitidee einer offenen Unternehmensverfassung, die allen *Stakeholdern* bzw. allen Personen, die sich vom unternehmerischen Handeln betroffen fühlen, Anhörungs- und Mitpracherechte, eventuell sogar Einspruchs-, Klage- und Entschädigungsrechte gewährleistet, wenn legitime Ansprüche verletzt sind.

6.2.1.2
Veränderung der Geschäftsfelder eines Unternehmens

In einer zivilgesellschaftlichen Welt werden der Output einer Unternehmung, die von ihr geschaffenen Güter und Dienste, oder allgemeiner: ihre Werte, sehr viel stärker zur Diskussion stehen als das in den beiden anderen Szenarien der Fall ist. Eine wichtige Empfehlung an die Unternehmen im zivilgesellschaftlichen Szenario ist es daher, sich stärker mit dem Zweck ihres Betriebes zu befassen, um sich gegenüber zivilgesellschaftlichen Akteuren besser rechtfertigen zu können.

a) Reflexion über die Aufgabe des Unternehmens

In der zivilgesellschaftlichen Welt wird der Zusammenhang nicht mehr als selbstverständlich angesehen, daß eine Unternehmung, die Gewinne macht, zugleich auch eine gesellschaftlich nützliche Leistung erbringt – eine Verbindung, die etwa im marktradikalen Szenario gerade die (normative) Basis des Wirtschaftsprozesses darstellt. Statt dessen wird stärker nach dem Beitrag einer Unternehmung etwa zur Lebensqualität gefragt.

Entsprechend ist es Unternehmen in einer zivilgesellschaftlichen Welt zu empfehlen, sich bereits von sich aus mit dieser Frage zu beschäftigen: Was sind die Werte, die von der Unternehmung geschaffen werden sollen, was ist der Zweck der Unternehmung? Dabei kann es um einen Beitrag zur Verbesserung der Lebensqualität der Abnehmer von Konsumgütern und Dienstleistungen gehen oder um die bessere Erfüllung einer grundlegenden gesellschaftlichen Aufgabe (z. B. Ernährung, Wohnraum, Verkehr, Gesundheit, Bildung usw.). Ein Automobilhersteller könnte etwa seine gesellschaftliche Funktion in der Entwicklung neuer und integrierter Verkehrssysteme erkennen, die insgesamt zu einem auch ökologisch effizienteren Gesamtverkehr führen. Allgemeiner gesprochen: Zweck der Unternehmung ist nicht mehr die Erzielung von Gewinn, sondern die Erfüllung bestimmter Aufgaben (wenngleich selbstverständlich die Gewinnerzielung weiter zu berücksichtigen ist).

Dabei beschäftigt sich eine umfassende Konzeption von Wertschöpfung nicht nur mit dem unmittelbaren Kundennutzen der angebotenen Produkte und Dienstleistungen, sondern integriert auch die Bedingungen der Produktion und berücksichtigt soziale und ökologische Folgen der Produktion und der Produktverwendung. Worum es hier geht, ist also nicht die Vernachlässigung der Frage des Markterfolges, sondern die Ausweitung der strategischen Überlegungen und Planungen auf ein weiteres Feld von Wirkungen – auch, um den verschiedenen Anspruchsgruppen in der Zivilgesellschaft gerecht zu werden und ihre Anliegen vorausschauend zu berücksichtigen.

b) Vermehrte Nutzung der Organisationsform der Stiftung

Da in einer zivilgesellschaftlichen Welt eine Unternehmung nicht mehr allein mit der Zielsetzung eines möglichst hohen *Shareholder Values* geführt werden kann und andere Ziele in den Vordergrund treten, die stärker an den sachlichen Aktivitäten des Unternehmens orientiert sind, kann es für die Unternehmen vorteilhaft sein, verstärkt die Rechtsform der Stiftung zu wählen – eine Rechtsform, die auch die Spezifikation eines Zwecks notwendig macht, um dessentwillen die Stiftung gegründet wird und der nicht in der Gewinnerzielung bestehen kann. Unter Einbezug zivilgesellschaftlicher Gruppen läßt sich auf diese Weise ein größerer Konsens über die Handlungen des Unternehmens erzielen. Der Stiftungsgedanke kann dann zu einer Veränderung im Zielsystem eines Unternehmens führen. Fließen die Anliegen zivilgesellschaftlicher Gruppen in den Zielfindungsprozeß von Stiftungen ein, so ermöglicht das eine konfliktfreiere Arbeit von Unternehmen.

6.2.2 Handlungsempfehlungen für den Staat: Moderator und ordnende Einheit

Im zivilgesellschaftlichen Szenario hat der Staat des „Lieferanten von Gemeinwohl" nicht mehr alleine inne. Er muß sich diese Aufgabe gewollt oder ungewollt mit vielen anderen Akteuren teilen, die ihm zwar vielleicht nicht das Gewaltmonopol streitig machen, aber zumindest auch als Wächter über gesellschaftliche Mißstände auftreten und darüber hinaus wenigstens zum Teil den Anspruch erheben, bei der Definition des Gemeinwohls mitwirken zu wollen. Diese größere Zahl von Akteuren, die bei eigentlich ureigenen Aufgaben des Staates ein Mitspracherecht beanspruchen, gehört zu den wichtigsten Herausforderungen, denen sich der Staat im zivilgesellschaftlichen Szenario gegenübersieht. Die entscheidende neue Aufgabe für den Staat wird es in diesem Szenario sein, die Tätigkeiten der verschiedenen zivilgesellschaftlichen Akteure zu steuern – nicht in dem Sinne, daß er sie initiieren und befehlen kann (oder auch gänzlich verbietet, sofern sie ihm nicht passen), sondern darauf achtet, daß diese Aktivitäten die Interessen anderer Individuen und gesellschaftlicher Gruppen nicht in einem unvertretbaren Maße verletzen oder gefährden. Die Handlungsempfehlungen für den Staat sind daher auch in erster Linie auf diese Steuerungsfunktion ausgerichtet.

a) Schaffung von Rahmenbedingungen für Non-profit-Organisationen

Das zivilgesellschaftliche Szenario wird wesentlich bestimmt von Non-profit-Organisationen aller Art: dazu zählen Verbände, deren Hauptaufgabe im Lobbying besteht, politische Organisationen mit mehr oder weniger großer Macht, was ihre Möglichkeiten zur Artikulierung und Durchsetzung ihrer Interessen betrifft (z. B. Greenpeace), genauso aber auch zahllose Freiwilligenorganisationen, die lokal oder regional tätig sind. Eine wichtige Aufgabe des Staates im zivilgesellschaftlichen Szenario wird es sein, für diese Organisationen einen Rechtsrahmen zu schaffen, der ihnen ein effektives Arbeiten ermöglicht. Kern dieses Rahmens muß sicherlich sein, ihnen die Beschaffung von Ressourcen zu erleichtern, und zwar sowohl von Finanzen als auch von Mitarbeitern. Zum Teil ist das durch die steuerliche Absetzbarkeit von Spenden bereits verwirklicht, aber hier bestehen auch noch weitergehende Möglichkeiten, etwa was die Erleichterung von Stiftungen angeht (siehe dazu unten). Darüber hinaus aber gilt es auch das ehrenamtliche Engagement in derartigen Organisationen zu fördern. Denkbar wäre etwa, die Mitarbeit in zivilgesellschaftlichen Organisationen dadurch zu fördern, daß den Mitarbeitern ebenfalls eine Steuererleichterung für ihre Arbeit gewährt wird. Zu rechtfertigen wäre das dadurch, daß die Arbeitszeit, die sie ehrenamtlich der Organisation widmen, im Grunde ein Äquivalent zu einer Geldspende ist. Ehrenamtliche Mitarbeiter könnten stattdessen ja einer normalen bezahlten Arbeit nachgehen und den Lohn, den sie aus dieser Arbeit ziehen, der Organisation spenden. In diesem Fall würden sie die Spende ebenfalls von der Steuer absetzen können. Es gibt keinen (steuer-)systematischen Grund, warum Spenden in Form von Sach- und Dienstleistungen anders behandelt werden sollten als Geldspenden.

Eine solche steuerliche Begünstigung von Leistungen für zivilgesellschaftliche Akteure kann ein erster Schritt hin zu weitergehenden staatlichen Zuwendungen für solche Gruppen sein. Denn in einer zivilgesellschaftlichen Welt übernehmen Organisationen erstens zahlreiche Aufgaben, die traditionell eher zu den Aufgaben des Staates gezählt werden; zum zweiten fangen sie viele Probleme und Notlagen ab, bevor sie zu einem (finanziellen) Aufwand für den Staat führen: Betreuung älterer oder behinderter Menschen, Selbsthilfegruppen aller Art, Bürgerinitiativen im Umweltschutz etc. Wo derartige Initiativen funktionsfähig sind und zu einer wirksamen Entlastung des Staates beitragen, ist es sicherlich angezeigt, daß sich der Staat an der Finanzierung der Tätigkeit zumindest beteiligt. Er muß diese Finanzierung nicht gänzlich übernehmen (und sollte das vielleicht auch gar nicht tun), aber eine Kombination aus direkten Zuwendungen und Steuernachlässen für Spenden und Leistungen, die aus der Bevölkerung an diese Organisationen fließen, kann immer noch zu einer Nettoersparnis für den Staat führen, verglichen damit, daß er diese Aufgabe selbst hätte durchführen müssen.

Neben finanziellen Zuwendungen für zivilgesellschaftliche Organisationen sind natürlich auch Sachleistungen denkbar, dies aber wahrscheinlich eher auf einer lokalen und regionalen Ebene, etwa indem Gruppen Räume für ihre Aktivitäten zur Verfügung gestellt werden.

Trotz der Chancen, die die Entlastung des Staates durch verstärktes Auftreten zivilgesellschaftlicher Akteure bietet, muß der Staat auf der anderen Seite, da er nach wie vor das Gewaltmonopol inne hat, für eine Kanalisierung dieser zivilgesellschaftlichen Aktivitäten sorgen; die Akteure dürfen „nicht über die Stränge schlagen“ und die berechtigten Interessen anderer Individuen, Gruppen und Organisationen unnötig beeinträchtigen. Die Gefahr ist groß, daß sich bei einem unregulierten und unkanalisierten Tätigwerden der verschiedenen Gruppen in einzelnen Organisationen Macht konzentriert, die sich gesamtgesellschaftlich schädlich auswirkt. Die Mafia ist in diesem Sinne die negative Kehrseite zivilgesellschaftlicher Organisationen.

b) Vernetzungen von zivilgesellschaftlichen Gruppen fördern und Aufgaben delegieren

In einer globalisierten Welt ist es im zivilgesellschaftlichen Szenario für die Akteure wichtig, sich international zu vernetzen und Aktionen gegenseitig abzustimmen. Diese Vernetzung sollte vom Staat gefördert werden (z. B. durch Sammlung und Verbreitung von Informationen über zivilgesellschaftliche Gruppen und ihre Aktivitäten), da die Vernetzung von zivilgesellschaftlichen Akteuren wiederum die Entlastung des Staates von bestimmten Aufgaben ermöglicht und erleichtert.

Verbunden mit der Förderung von Vernetzung sollte der Staat ganz bestimmte Aufgaben auch bewußt an zivilgesellschaftliche Akteure abgeben. Dabei wird er jedoch darauf achten müssen, daß sein Rückzug nicht einfach als eine Flucht vor der Verantwortung gesehen wird und eine Lücke hinterläßt, in die dann notgedrungen Selbsthilfeorganisationen o. ä. einspringen müssen. Vielmehr gilt es diejenigen Aufgaben herauszuarbeiten, bei deren Erledigung die zivilgesellschaftlichen Akteure einen (komparativen) Vorteil haben. Dies zwingt umgekehrt auch wieder zu einer Besinnung auf die Kernaufgaben des Staates.

Mit der Delegation von Aufgaben an zivilgesellschaftliche Akteure muß aber zugleich auch eine Abgabe von Verantwortung stattfinden: Auf der einen Seite müssen die zivilgesellschaftlichen Organisationen innerhalb der ihnen zugewiesenen Aufgaben Entscheidungskompetenzen haben; auf der anderen Seite muß es möglich sein, diese Akteure für ihre Tätigkeiten zur Verantwortung zu ziehen. Es muß also gewährleistet sein, daß auch Selbsthilfeorganisationen und Vereine für etwaige von ihnen verursachte Schäden haftbar gemacht werden können.

c) direktdemokratische Elemente

Im zivilgesellschaftlichen Szenario besteht immer die Gefahr, daß sich einzelne zivilgesellschaftliche Akteure, die über eine besonders gute Ressourcenausstattung verfügen, zulasten anderer Individuen und Gruppen profilieren. Es ist praktisch unvermeidlich, daß die verschiedenen Organisationen und Gruppierungen ihren Anliegen in unterschiedlichem Ausmaß Gehör verschaffen und auch politische Maßnahmen durchsetzen können: der Zugang zu den Medien, die Ressourcen für den Einsatz von Personal etc. sind sehr ungleich verteilt.

In einer solchen Situation kann ein Korrektiv vor allem darin liegen, bei politischen Entscheidungen eine Volksabstimmung durchzuführen, allgemein: direktdemokratische Elemente in den Gesetzgebungsprozeß einzuführen. Volksabstimmungen bieten noch am ehesten Gewähr dafür, daß eine vorgeschlagene Maßnahme dem Mehrheitswillen nicht diametral widerspricht.

Darüber hinaus zwingt eine Volksabstimmung – bzw. direktdemokratische Instrumente generell – alle, die eine politische Maßnahme befürworten oder sie ablehnen, ihre Argumente vorzubringen. Auch dabei wird es nicht ohne Zuspitzungen und Provokationen abgehen, aber die Chance einer rationalen, sachlichen Auseinandersetzung ist dabei wesentlich größer. Der Grund dafür liegt darin, daß bei Abstimmungen über ein konkretes Projekt die Sachprobleme klarer zutage treten und deshalb auch in den Auseinandersetzungen Argumente genannt werden müssen, die die Sache betreffen. Bei allgemeinen Wahlen, in denen man sich mit seiner Stimme nur für den einen oder anderen Kandidaten bzw. für die eine oder andere Partei entscheiden kann, kommt es dagegen sehr viel eher zur Abstimmung über allgemeine Parteiideologien als über konkrete Sachfragen. Dies ist allerdings auch nicht verwunderlich, denn es ist für den Wähler außerordentlich aufwendig, sich darüber zu informieren, in welchen Einzelfragen die verschiedenen Parteien sich in welcher Weise unterscheiden und auf dieser Basis dann eine Wahlentscheidung zu treffen. Allgemeine Parteiideologien dienen als einfacher Ersatz für diese vielen unterschiedlichen Standpunkte und werden zur Grundlage der Entscheidung. Diese Information über die sachlichen Pros und Kontras ist bei einer Abstimmung über eine einzelne Vorlage zu einem bestimmten Thema viel eher möglich; in der Schweiz wird deshalb übrigens für ein Referendum die sog. „Einheitlichkeit der Materie“ gefordert. Ist dieses Kriterium nicht erfüllt, kann das Justizministerium bzw. die Schweizer Regierung die Abhaltung des Referendums untersagen.

Volksabstimmungen und Referenden sind daher in einer zivilgesellschaftlichen Welt wichtige Instrumente, die zur Kontrolle der Aktivitäten zivilgesellschaftlicher Akteure beitragen können.

d) Runde Tische und konzertierte Aktionen

Bereits bei den Handlungsempfehlungen für die Unternehmen wurde auf die verstärkte Bedeutung von „runden Tischen“ auch auf Unternehmensebene hingewiesen. Diese Institution wird im zivilgesellschaftlichen Szenario auch auf staatlicher Ebene eine wesentliche Rolle spielen und sollte vermehrt eingerichtet werden.

Die Einsatzmöglichkeiten dieses Instrumentes sind vielseitig, sollten aber nicht unüberlegt durchgeführt werden. Denn insbesondere eine Überfrachtung mit zu großen Erwartungen muß am Ende zu allgemeiner Enttäuschung führen, ohne die Möglichkeiten auszunutzen, die diese Instrumente beinhalten.

Die größten Erfolgsaussichten haben sie vermutlich dann, wenn sie dezentral eingesetzt werden, etwa zum Abschluß eines regionalen Beschäftigungspaktes. Hier ist dann die Betroffenheit durch bestimmte Probleme und der damit verbundene Handlungsdruck so groß, daß eine Einigung möglich erscheint. Eine Verständigung im Rahmen eines nationalen Runden Tisches, etwa über eine zu verfolgende konsistente makroökonomische Politik, ist zwar auch im Rahmen des Möglichen, aber schon eher unwahrscheinlich.

Ein anderes Politikfeld, in dem runde Tische sinnvoll sein können, ist der Umweltschutz, insbesondere auch der grenzüberschreitende Umweltschutz. Hier kann vor allem bei einem konkreten Umweltproblem ein runder Tisch sinnvoll sein, der die Beteiligten – Regierungen, Unternehmen, Betroffene und/oder Umweltverbände – zusammenbringt und Lösungen zu finden sucht.

Es wäre sogar denkbar, temporäre runde Tische mit wechselnder Besetzung einzuberufen, um politische Probleme zu diskutieren und eventuell sogar einer Lösung zuzuführen.

e) Erleichterung der Einrichtung von Stiftungen

In den Handlungsempfehlungen für die Unternehmen wurde bereits eine vermehrte Nutzung der Rechtsform der Stiftung beschrieben. Stiftungen sind eine gute Möglichkeit für Privatleute, einen bestimmten Zweck bzw. ein bestimmtes zivilgesellschaftliches Anliegen finanziell zu fördern. Diese Möglichkeit sollte der Staat erleichtern. Stiftungen sind eine andere, oft sehr effiziente Möglichkeit für den Staat, Aufgaben zu delegieren und sich selbst von vielfältigen Verantwortungen zu entlasten.

6.2.3 Handlungsempfehlungen für zivilgesellschaftliche Akteure: Mitformulierung des Gemeinwohls

Im zivilgesellschaftlichen Szenario ergibt sich für die zentralen Akteure insofern eine neue Situation, als sie nicht mehr nur insgesamt ein Gegengewicht zu anderen Akteuren (Unternehmen und Staaten) darstellen, sondern auch aufgrund ihrer gewachsenen Bedeutung untereinander im Wettbewerb stehen, und zwar um finanzielle Ressourcen, um Engagement von Mitarbeitern, um gesellschaftliche Aufmerksamkeit usw. Dies gilt es bei den Handlungsempfehlungen zu beachten.

a) Stärkere „watchdog"-Funktion als im marktradikalen Szenario

Zivilgesellschaftliche Akteure haben auch und gerade in diesem Szenario eine wichtige Überwacher-Funktion, die sich jetzt auch noch auf eine größere Zahl von Akteuren erstreckt, zugleich aber auch in verschiedenen institutionellen Formen abläuft.

Einerseits besteht für die zivilgesellschaftlichen Akteure nach wie vor die Aufgabe, die Unternehmen zu kontrollieren und gegebenenfalls berechtigte *Stakeholder*-Ansprüche geltend zu machen. Dies wird im zivilgesellschaftlichen Szenario in vielfältigen institutionellen Formen ablaufen (runde Tische etc.). Dabei müssen die verschiedenen Gruppen und Organisationen darauf achten, sich nicht im gegenseitigen Wettbewerb um Mitglieder und Ressourcen aufzureiben und ihre eigentlichen Aufgaben – die Artikulation gesamtgesellschaftlicher Anliegen – zu vernachlässigen.

Auf der anderen Seite ist nun im zivilgesellschaftlichen Szenario der Staat zu einem weiteren Akteur geworden, zu dem die zivilgesellschaftlichen Gruppen in gewisser Weise in Konkurrenz stehen. Nicht nur sollen sie ihm Aufgaben abnehmen, die sie besser als der Staat erfüllen können, sie sind auch verstärkt aufgerufen, sich an der Formulierung von Politik zu beteiligen, auch hier wieder über der Einrichtung runder Tische. Darüber hinaus haben die zivilgesellschaftlichen Organisationen auch gegenüber der Politik einen „Überwachungs-"Auftrag.

b) Etablierung universeller Normen und Organisationsmechanismen zur Aufrechterhaltung des Gemeinwohls

Die zivilgesellschaftlichen Akteure müssen in diesem Szenario ganz entscheidend in die Normendebatte eingreifen und, da der Staat in dieser Hinsicht nicht mehr alleinzuständig ist, an der Formulierung des Gemeinwohls mitwirken. Hier müssen Mechanismen des Ausgleichs gefunden werden, die dafür sorgen, daß nicht die Anliegen und Interessen einzelner Gruppen und Organisationen ein übermäßiges Gewicht erhalten. Das Einbringen von zivilgesellschaftlichen Positionen kann damit nur als legitim erachtet werden, wenn die Voraussetzung für eine gleichberechtigte Partizipation aller zivilgesellschaftlichen Kräfte geschaffen wird.

c) Öffnung der UNO für NGOs

Die UNO wird angesichts der Globalisierung eine immer wichtigere Rolle als Gremium der Konfliktbewältigung und Normenfindung erhalten. Bisher ist die Anzahl der beim Wirtschafts- und Sozialrat der UNO (ECOSOC) akkreditierten NGOs von 41 (1949) auf 978 (1993) gestiegen. Diese hohen Zahlen spiegeln die wichtige Bedeutung der UNO für die NGOs wider. Offiziell sind NGOs in Artikel 71 der Charta der Vereinten Nationen berücksichtigt. Dort heißt es: „Der Wirtschafts- und Sozialrat kann geeignete Abmachungen zwecks Konsultation mit nichtstaatlichen Organisationen treffen, die sich mit Angelegenheiten seiner Zuständigkeit befassen. Solche Abmachungen können mit internationalen Organisationen und, soweit angebracht, nach Konsultation des betreffenden Mitglieds der Vereinten Nationen auch mit nationalen Organisationen getroffen werden."

In Übereinstimmung mit dem ebenfalls in der Charta verankerten Prinzip der staatlichen Souveränität haben Nichtregierungsorganisationen also keinerlei formelle Entscheidungskompetenzen innerhalb der UNO; ihre Partizipationsmöglichkeiten beziehen sich auf ihren Konsultativstatus und die damit verbundenen Informations- und Beratungsrechte. Will man die UNO als Verhandlungssystem, an dem auch zivilgesellschaftliche Kräfte beteiligt sind, ausbauen und die Akzeptanz vereinbarter Normen und Regeln erhöhen, so müssen NGOs verstärkt in die zwischenstaatlichen Verhandlungen einbezogen werden. Konkret könnte hierbei der ECOSOC in ein NGO-Forum mit obligatorischem Konsultativstatus gegenüber der Generalversammlung umgewandelt werden. Dabei wird in jedem Fall eine Trennung zwischen Beteiligungs- und Beratungsrechten der NGOs und der Verantwortlichkeit der Regierungsvertreter für Verhandlungsergebnisse erhalten bleiben, solange NGOs, wie berechtigt ihre Interessen auch sein mögen, nicht in gleicher Weise als Bürgervertretungen legitimiert sind wie (gewählte und rechenschaftspflichtige) Parlamente und Regierungen.

6.3 Zivilgesellschaftliche Literatur zur Globalisierung

Die Werke zur Globalisierung, die sich in einen zivilgesellschaftlichen Rahmen einordnen lassen, sind nicht so zahlreich gesät wie die Schriften, die eher einer marktradikalen oder einer etatistischen Sicht der Dinge zuneigen. Dennoch aber sind einige dieser Bücher recht einflußreich und haben der Diskussion um die Globalisierung eine neue Dimension verliehen.

In Deutschland sicher am bekanntesten ist der Soziologe Ulrich Beck, der im Rahmen der Reihe *Edition Zweite Moderne* mehrere Bücher zur Globalisierung veröffentlicht hat, darunter auch den Band *Was ist Globalisierung?*. Beck schlägt darin unter anderem ein Bündnis für Bürgerarbeit vor; er geht davon aus, daß die herkömmliche Erwerbsarbeit inzwischen so produktiv geworden ist, daß immer weniger Arbeit benötigt wird, um Güter und Dienstleistungen zu produzieren. Erwerbsarbeit ist zwar nach wie vor bedeutend, aber demgegenüber wird das zivilgesellschaftliche Engagement immer wichtiger. Dieses zivilgesellschaftliche Engagement, das freiwillig bzw. auf dem Wege der Selbstorganisation erfolgt, ist in vielen Bereichen möglich: „Arbeit für alte Menschen, Behinderte, Obdachlose, Aids-Kranke, Analphabeten, Ausgeschlossene, ökologisches Engagement und vieles mehr". Diese Bürgerarbeit müßte auch nicht an einen nationalstaatlichen Rahmen gebunden sein, sondern „könnte die transnationale Zivilgesellschaft, ihre Netzwerke und sozialen Bewegungen stützen und bereichern". Für die Finanzierung hat Beck mehrere Vorschläge: Verwendung von Transfereinkommen (Sozialhilfe oder Arbeitslosengeld) für die Bezahlung entsprechender Arbeit; Steuererleichterungen für Bürgerarbeit; Finanzierung durch Wohlfahrtsverbände; Nichtmonetäre Quellen (Tauschnetzwerke, Gutscheinsysteme); Sozialsponsoring durch große Unternehmen.

Sehr engagiert wird die Förderung des Dritten Sektors auch von Warnfried Dettling in seinem Buch *Wirtschaftskummerland? Wege aus der Globalisierungsfalle* vertreten. Dettling gibt darin einen Überblick über die Veränderungen, die in der modernen Gesellschaft am Ende des 20. Jahrhunderts im Gange sind und die (zumindest teilweise) Folgen der Globalisierung bzw. ihre Erscheinungsform sind. Dazu gehört die Krise des Sozialstaats, die bei Dettling nicht nur eine finanzielle, sondern auch eine soziale und eine kulturelle Dimension hat: der Sozialstaat sei aufgrund wirtschaftlicher und demographischer Entwicklungen in die Finanzierungskrise geraten; darüber hinaus aber schaffe er teilweise – z. B. durch die Verfassung des Arbeitsmarktes und die relativ hohen sozialen Transfers – die sozialen Probleme selbst, die er lösen wolle, indem er Menschen ausgrenze, anstatt sie in die Gesellschaft zu integrieren; schließlich sei der Sozialstaat eine Schöpfung des Obrigkeitsstaates und habe immer noch Schwierigkeiten, sich auf selbständige und emanzipierte Menschen einzustellen – sein Augenmerk sei darauf ausgerichtet, die Menschen zu betreuen, anstatt ihre Fähigkeiten zu aktivieren. Hinzu komme ein Wandel in den privaten Beziehungen, eine fortschreitende Individualisierung und eine Veränderung der Arbeitswelt, die es ausgesprochen unwahrscheinlich mache, daß in Zukunft die „normale" Erwerbsarbeit für alle eine ausreichende Lebensgrundlage darstelle – vor allem aufgrund technischer Entwicklungen und Rationalisierungen. Hier sei auch ein wesentlicher Unterschied zu massenhaften Freisetzungen in der Vergangenheit zu sehen: Während etwa entlassene Arbeitskräfte aus der Landwirtschaft Ende des 19. und Anfang des 20. Jahrhunderts in der Industrie unterkamen, „ist für die Zukunft weit und breit nichts zu sehen, was in ähnlicher Weise die große Zahl von Arbeit suchenden Menschen auffangen könnte, die aus der deutschen Bauindustrie, aus dem Schiffsbau, und aus der Montanindustrie ‚freigesetzt' werden." Dettling schlägt deshalb eine breit gefächerte Förderung des Dritten Sektors vor, in dem ein ähnlich weites Spektrum von Arbeiten stattfinden könnte, wie es auch andere Autoren vorschlagen. Die Aufgabe des Staates ist es nach Dettling vor allem, die notwendige soziale Infrastruktur bereitzustellen, damit der Dritte Sektor und das zivilgesellschaftliche Engagement auch entsprechend gedeihen können; Wirtschaft, Unternehmen und Gewerkschaften könnten Teile der Lohn- und Gehaltssumme für bestimmte soziale Zwecke verwenden; Sozialtransfers und Lohnkostenzuschüsse könnten dem Aufbau des Dritten Sektors zugute kommen.

In der internationalen Diskussion ist vor allem Jeremy Rifkin in seinem Buch *The End of Work* (dt. *Das Ende der Arbeit und ihre Zukunft*) mit der Idee des Dritten Sektors hervorgetreten. Da für Rifkin die automatisierte Zukunft sowohl im Produktionssektor als auch im Dienstleistungssektor bevorsteht, ist herkömmliche Erwerbsarbeit immer weniger für die individuelle Existenzsicherung von Bedeutung. Um den zahlreichen drohenden Arbeitslosen eine sinnvolle Beschäftigung zu geben, ist auch für Rifkin die Förderung des Dritten Sektors, oder Non-profit-Sektors, von zentraler Bedeutung und auch für ihn fällt darunter ein bunter Strauß von Tätigkeiten.

Eine besondere Variante des zivilgesellschaftlichen Szenarios findet sich schließlich in den Schriften der Kommunitaristen, insbesondere bei Amitai Etzioni; sie betonen stark den Geist der Gemeinschaft – so auch der Titel von Etzionis jüngstem Buch: *The Spirit of Community* (dt.: *Die Entdeckung des Gemeinwesens*). Der Kommunitarismus betont die Bedeutung einer Gemeinschaft, in die der Einzelne hineingestellt ist und die auch auf einer bestimmten Konzeption des „Guten" basiert; diese Gemeinschaft gibt ihren Mitgliedern Orientierung und Sicherheit, dem stehen allerdings auch gewisse Verpflichtungen gegenüber, die jeder übernehmen muß. Die kommunitaristische Gesellschaft ist eine Wertegemeinschaft, ein Netzwerk von Solidargemeinschaften, die auf kleinräumige Strukturen angelegt ist und den anonymen Steuerungsmechanismen des Marktes (und auch des Staates) eher skeptisch gegenübersteht.

Mit dem Aspekt der Vernetzung unterschiedlicher zivilgesellschaftlicher Akteure, sowohl innerhalb eines Nationalstaates als auch transnational beschäftigt sich als deutschsprachiger Autor Elmar Altvater in seinem herausgegebenen Buch *Vernetzt und Verstrickt: Nicht-Regierungsorganisationen als gesellschaftliche Produktivkraft* von 1997. In verschiedenen Beiträgen wird hier die NGO-Vernetzung zwischen lokalen und internationalen Herausforderungen thematisiert sowie die Perspektiven und es werden Grenzen einer sich internationalisierenden Zivilgesellschaft diskutiert. Ebenfalls mit der Transnationalisierung beschäftigen sich die Publikationen von Margaret E. Keck und Kathryn Sikkink *Activists beyond Borders: Advocacy Networks in International Politics* und das von Jackie Smith, Charles Chatfield und Ron Pagnucco herausgegebene Buch *Transnational Social Movements and Global Politics: Solidarity Beyond the State.* Beide Bücher beschäftigen sich mit den transnationalen Zusammenschlüssen unterschiedlicher Akteure – neben NGOs können diese Netzwerke auch Staaten und Unternehmen enthalten, sie können sich aus Wissenschaftlern und Experten zusammensetzen oder eher von Aktivisten getragen sein. In allen drei Publikationen wird aus unterschiedlichen Perspektiven die strategische Vernetzung zivilgesellschaftlicher Kräfte zur Mitgestaltung von lokaler, nationaler und transnationaler Politik beleuchtet.

Eine neue öffentliche Debatte zur Globalisierung?

7 Ziele oder Instrumente? Plädoyer für eine Neuausrichtung der Globalisierungsdebatte

Was also tun angesichts der Globalisierung? Haben die Szenarien gezeigt, daß alles möglich ist und deshalb wieder zur Tagesordnung übergegangen werden kann?

Ja und nein: ja, es ist – zwar nicht alles, aber doch – vieles möglich, und die drei Szenarien haben verschiedene Wege aufgezeigt, wohin die weitere Entwicklung und die Globalisierung hinführen können. Nein, das heißt nicht, daß nun wieder einfach zur Tagesordnung übergegangen werden kann. Denn die Tagesordnung, das hieße ja wieder: Diskussion in den alten eingefahrenen Gleisen, eine Standort-Debatte, wie wir sie in den letzten Monaten und Jahren wiederholt erlebt haben und wie sie bisher zu keinem greifbaren Ergebnis geführt hat.

Was also ergibt sich aus der bisherigen Darstellung der Wirkmuster der Globalisierung, der Szenarien, der Handlungsempfehlungen und der Diskussion der Literatur, die bisher zur Globalisierung erschienen ist?

In jedem der Szenarien und auch in den angesprochenen Schriften wird man zentrale Beiträge zur Diskussion um die Globalisierung wiedererkennen. Dabei stehen die Beiträge dieser Autoren aber in der Regel recht „isoliert" (d. h. ohne Bezugnahme auf mögliche andere Szenarien und Entwicklungen) da und geben sich ziemlich deterministisch: Da Globalisierung dieses und jenes bedeutet und diese und jene Folgen hat, ist es erforderlich, die Maßnahmen a), b) und c) zu ergreifen. Scheinbar logisch wird aus der Analyse die zwingende Konsequenz gezogen und in Handlungsempfehlungen umgesetzt. Dabei ist für die Empfehlungen – neben ihrer recht umstandslosen Ableitung aus den jeweiligen Analysen – kennzeichnend, daß sie sich praktisch ausschließlich an den Staat richten. Dies ist zwar insofern verständlich, als in der allgemeinen Wahrnehmung vor allem das institutionelle Gefüge der Gesellschaft durch die Globalisierung unter Anpassungsdruck gerät und der Staat bzw. die Politik diejenige Instanz ist, die die Macht(befugnis) hat, dieses institutionelle Gefüge zu verändern bzw. zu reformieren; anderen Akteuren wird vergleichsweise wenig Beachtung geschenkt – möglicherweise hält man ihre Gestaltungsspielräume für noch geringer und geht davon aus, daß sie auf die Globalisierung nur reagieren können, nicht aber aktiv Handelnde und Gestaltende sind.

Die vorangegangene Darstellung in den Szenarien hat hier jedoch in zweifacher Hinsicht einen anderen Weg gewählt: Zum einen ist es nicht sinnvoll, nur den Staat mit Handlungsempfehlungen zu versehen: Denn die Globalisierung ist nicht nur ein Problem der Politikgestaltung, sondern nötigt auch andere wichtige Akteure dazu, ihre Ziele, Strategien und Instrumente daraufhin zu überprüfen, ob sie der Globalisierung gerecht werden. Deshalb wurden in den verschiedenen Szenarien

Handlungsempfehlungen für drei zentrale Akteure bzw. Akteursgruppen – Unternehmen, Staat und zivilgesellschaftliche Gruppen – gegeben.

Dabei hat sich gezeigt, daß die Akteure nicht einfach auf „die" Globalisierung reagieren können, sondern daß die adäquate Reaktion auch davon abhängig ist, welches Szenario sich eingestellt hat. Je nach Szenario sind die Rolle und die Aufgaben, die die Akteure wahrnehmen, unterschiedlich akzentuiert. Die nachstehende Matrix faßt die Handlungsempfehlungen, die in den verschiedenen Szenarien für die Akteure abgeleitet werden können, schlagwortartig und etwas überspitzt zusammen und macht diese unterschiedliche Akzentsetzung bzw. die unterschiedlichen Aufgaben, die die Akteure in den Szenarien angehen müssen, noch einmal deutlich.

Szenario / Akteure	**Markt-radikal**	**Etatistisch**	**Zivil-gesellschaftlich**
Unternehmen	Kampf um Märkte	Lobbyismus und politische Mitgestaltung	Problemlösung und Kooperation an runden Tischen
Staat	Nacht-wächter	Intelligente Technokratie	Moderator und ordnende Einheit
Zivil-gesellschaftl. Gruppen	Sozialer Reparatur-betrieb	Transmissions-riemen für Veränderungen	Mitformulierung des Gemeinwohls

Abb. 1. Szenarien und Akteure

Die Akteure sind demnach also gut beraten, sich mit der Frage zu befassen, welches Szenario sich wohl realisieren wird bzw. in welchem „Mischungsverhältnis" die Szenarien eintreten werden und welche Aufgaben schwerpunktmäßig auf die Akteure zukommen.

Sobald man sich jedoch auf diese Diskussion eingelassen hat, verläßt man – und hier liegt der zweite Unterschied zu „herkömmlichen" Globalisierungsanalysen – die deterministische Herangehensweise; statt dessen wird der Weg frei, über mögliche alternative Entwicklungspfade von Gesellschaften zu diskutieren.

Die Darstellungen des marktradikalen, des etatistischen und des zivilgesellschaftlichen Szenarios haben deutlich gezeigt, daß die Globalisierung verschiedene „Zukünfte" offen läßt. Welchen dieser Wege die Gesellschaften nehmen, ist nicht durch die Dynamik der Globalisierung allein vorbestimmt, sondern hängt von Entscheidungen und Entwicklungen auf vielerlei Ebenen ab, z. B.:

- Wie entwickelt sich die Kooperation der wichtigsten Industrieländer untereinander – geht es eher in Richtung Systemwettbewerb oder in Richtung Koordination der wichtiger Politikfelder wie etwa Wirtschafts-, Finanz- und Umweltpolitik?
- Geht der Trend in der Unternehmensentwicklung hin zu immer stärkerer Internationalisierung und Ausdifferenzierung der Wertschöpfungskette oder kommt es wieder zu einer stärkeren Konzentration auf den heimischen Markt einer Unternehmung, sogar eventuell verbunden mit Vereinbarungen zwischen den Unternehmen und Gewerkschaften sowie anderen Organisationen über Beschäftigungssicherung, Umweltschutz etc.?
- Nehmen die zivilgesellschaftlichen Akteure eine aktivere Rolle wahr als bisher – vernetzen sie sich international stärker als bisher und kontrollieren sie die Aktivitäten von (transnationalen) Unternehmen?

Zumindest zum Teil sind diese Entwicklungen nicht das Ergebnis unumkehrbarer Sachzwänge, sondern bieten Möglichkeiten der (politischen) Gestaltung. Eine derartige Gestaltung setzt jedoch eine Diskussion über die Werte und Ziele voraus, die einer solchen Gestaltung zugrunde liegen sollen. Gerade diese Diskussion wird jedoch kaum geführt; statt dessen dominiert eine Diskussion über Maßnahmen und Instrumente, die angesichts der Globalisierung durchgeführt und eingesetzt werden müssen.

Warum in der Globalisierungsdebatte so stark die instrumentelle Ebene dominiert und über die Werte und Ziele, die der Gestaltung der Globalisierung zugrunde liegen (sollen), sehr wenig gesagt wird, kann an dieser Stelle nur vermutet werden. Ein möglicher Grund kann darin liegen, daß Globalisierung in erster Linie als ökonomisches Phänomen wahrgenommen wird; dementsprechend sind ja auch die Maßnahmen und Instrumente, die als Reaktionsmöglichkeit diskutiert werden: Protektionismus vs. Offenheit der Märkte; Deregulierung vs. Sozialstandards; Systemwettbewerb vs. internationale Kooperation. In der Ökonomie gibt es eine gewisse Tradition bei dem Versuch, wirtschaftspolitische Maßnahmen und Gestaltungskonzepte möglichst „wertfrei“ aus ökonomischen Analysen und Sachgesetzlichkeiten herzuleiten. Der normative Hintergrund entsprechender Gestaltungsempfehlungen ist meist eine Vorstellung von gesamtwirtschaftlicher Effizienz und eine utilitaristische Auffassung von Wohlfahrt („das größte Glück der größten Zahl“) – Konzepte, die jedoch meist als selbstverständlich und in normativer Hinsicht als kaum begründungsbedürftig angesehen werden. Sieht man jedoch genauer hin, so zeigt sich, daß eine solch „wertfreie“ Ableitung von Gestaltungsempfehlungen nicht möglich ist. (Wirtschafts-)Politische Maßnahmen haben immer ein Werteelement in sich, das nicht einfach ausgeblendet werden kann; ganz im Gegenteil besteht bei den üblichen normativen Konzepten, die ökonomischen Empfehlungen zugrunde liegen, die Gefahr, andere Wertdimensionen (z. B. die Idee der Gerechtigkeit) zu vernachlässigen.

Das „Aufblenden“ der Wertedimension führt demgegenüber unmittelbar dazu, daß der Determinismus vieler Globalisierungsanalysen verlassen wird und auf diese Weise unbefangener über verschiedene Optionen diskutiert werden kann, die sich in der Zukunft bieten.

In der vorangegangenen Darstellung wurde jedem der drei Szenarien als Schlagwort einer der drei zentralen Begriffe der französischen Revolution beigegeben: Freiheit – Gleichheit – Brüderlichkeit. In jedem dieser Begriffe verbirgt sich in unserer Darstellung zweierlei: zum einen ein zentraler Wert der westlich-abendländischen Gesellschaft, zum anderen aber auch ein gesellschaftlicher Steuerungsmechanismus.

Freiheit: das meint die Möglichkeit der individuellen Selbstverwirklichung, es beinhaltet Meinungsäußerungsfreiheit, es beinhaltet Wirtschaftsfreiheit und noch andere Freiheiten, die in verschiedenen Staatsverfassungen unterschiedlich ausdifferenziert sein mögen. Es beinhaltet aber zugleich auch ein Steuerungsprinzip der Gesellschaft: den Markt, auf dem über Erfolg und Mißerfolg der Austauschbeziehungen unter freien Menschen anonym geurteilt wird.

Gleichheit: darunter fällt die gleiche Behandlung vor dem Gesetz, es beinhaltet zumindest einen Aspekt von Gerechtigkeit, es meint Chancengleichheit – Aufstiegsmöglichkeiten ohne Privilegien –, aber auch, zumindest in einem bestimmten Grade, eine gewisse Gleichheit im Ergebnis, ein nicht zu starkes Auseinanderdriften zwischen den Menschen in ihrer (wirtschaftlichen) Situation. Da der Markt von sich aus keine Gleichheit herstellt, ist hier der Staat aufgerufen, seinen Teil dazu beizutragen und für Chancengleichheit und für eine gewisse Ergebnisgleichheit zu sorgen.

Brüderlichkeit: hier ist, soweit nicht schon im Begriff der Freiheit enthalten, die Toleranz im gegenseitigen Miteinander angesprochen, und als gesellschaftlicher Steuerungsmechanismus ist der offene Diskurs und die Verständigung sowie die Organisation der Aktivitäten gemeint, die nicht über den anonymen Markt oder den Staat vermittelt werden.

Keiner dieser drei Werte und keiner dieser drei Steuerungsmechanismen kann für sich eine alleinige Geltung beanspruchen. Die alleinige Verwirklichung eines Wertes muß zwangsläufig auf Kosten eines anderen gehen – es existieren Zielkonflikte. Die europäischen Gesellschaften haben es in der Vergangenheit geschafft, eine weitgehende Balance zwischen diesen Werten und Steuerungsmechanismen herzustellen – eine Balance zwischen Freiheit, Gleichheit und Brüderlichkeit, eine Balance zwischen marktlicher Steuerung, staatlich-etatistischer Intervention und zivilgesellschaftlichen Aktivitäten; je nach Nation und Kultur fiel diese Balance anders aus und hatte unterschiedliche Akzente. Dabei lag der Schwerpunkt – zumindest in der öffentlichen Wahrnehmung – vor allem auf dem Gleichgewicht zwischen Staat und Markt; Prozesse der Zivilgesellschaft traten weniger ins Blickfeld, obwohl sie für das Funktionieren der Gesellschaft einen wesentlichen Beitrag leisten.

Die Globalisierung bringt nun diese Balance zwischen den Werten ins Wanken; überkommene Mechanismen des Konfliktausgleichs scheinen nicht mehr zu funktionieren, es ist daher erforderlich, eine neue Balance zwischen den zentralen Werten zu finden, die das Zusammenleben in einer Gesellschaft bestimmen sollen.

Es gibt keine zwingende Notwendigkeit, daß sich die Gesellschaft in die eine oder andere Richtung entwickelt: die weitgehende Deregulierung ist kein exogener Zwang – sie ist eine mögliche Option, wenn der Gedanke der individuellen Freiheit in Zukunft einen möglichst hohen Stellenwert erhalten soll und dafür größere Ungleichheiten zugelassen werden sollen; Steuerharmonisierung und internationale Einigung über soziale Mindeststandards sind keine Unausweichlichkeit, sondern ergeben sich dann, wenn man bestimmte soziale Gleichheitsvorstellungen stärker verfolgen will und soziale Absicherung gerade aufgrund der Unsicherheiten in der Globalisierung als zentral ansieht; die Förderung des „Dritten Sektors“ ist nichts, was sich aus der angeblich notwendigerweise verschwindenden Erwerbsarbeit ergibt, sondern stellt eine gesellschaftliche Option dar, die genutzt werden kann, wenn man den marktlichen oder staatlichen Steuerungsmechanismus gegenüber einem stärker zivilgesellschaftlichen abschwächen will – etwa deshalb, weil es sich bei Markt und Staat um im wesentlichen anonyme Steuerungsmechanismen handelt und diese Anonymität in der Globalisierung noch zunimmt.

Damit soll allerdings nicht einem platten Voluntarismus das Wort geredet werden; die Vorstellung einer weitgehenden gesellschaftlichen Gestaltbarkeit der Zukunft kann nicht heißen, daß jedes beliebige Ziel verfolgt werden kann: daß eine völlige Abschaffung marktlicher Steuerungsmechanismen in einer modernen Gesellschaft keine reale Option darstellt, bedarf angesichts des Zusammenbruchs des sozialistischen Blocks wahrscheinlich keiner Begründung mehr. Daß eine völlige Umstellung auf kleinräumige Face-to-face-Gemeinschaften angestrebt werden soll, die sich autonom versorgen und weder Marktmechanismen noch Staatsintervention erforderlich machen, dürfte ebenfalls keine reale Option sein.

Aber der Ausschluß solcher Extremlösungen, die ernsthaft ohnehin von niemandem erwogen werden, kann nicht den völligen Verzicht auf Gestaltung bedeuten; das hieße das Kind mit dem Bade ausschütten. Der Ausschluß von Extremlösungen läßt nach wie vor ein großes Spektrum von Alternativen und Optionen offen, die breit diskutiert werden müssen. Mögliche Diskussionsforen gibt es zahlreich: Sie reichen von Talkshows über Diskussionssonderseiten in überregionalen Tageszeitungen bis hin zu „runden Tischen“, die in diesem Fall eben nicht über die Ausgestaltung von Arbeitsbeziehungen diskutieren, sondern sich über die neue Wertebalance zu verständigen suchen. Hier bietet sich auch für Stiftungen in der Zukunft ein reiches Betätigungsfeld.

Mit einer solchen Diskussion über die möglichen Zukünfte der Globalisierung und ihrer Gestaltung öffnet sich eine Art „Dritter Weg“ zwischen einem unkritischen Optimismus und einem fatalistischen Pessimismus – beides Reaktionen, die in der Debatte nach wie vor dominieren. Die Diskussion auf eine andere Ebene, die Ebene der Werte und Ziele, zu heben – das dürfte die eigentliche und zentrale Herausforderung der Globalisierung darstellen.

Literatur

Alborow, M. : Abschied vom Nationalstaat. Frankfurt 1998

Altvater, E., Brunnengräber, A. (Hrsg., 1997): Vernetzt und verstrickt. Nicht-Regierungsorganisationen als gesellschaftliche Produktivkraft. Münster

Arbeitsgruppe Alternative Wirtschaftspolitik: Memorandum '98, Köln 1998

Beck, U.: Was ist Globalisierung? Frankfurt 1997

Bertelsmann-Stiftung et al.: Zehn ordnungspolitische Eckpunkte für die Erneuerung der sozialen Marktwirtschaft. Gütersloh 1997

Berthold, N.: Der Sozialstaat im Zeitalter der Globalisierung. Tübingen 1997

Cohen, D.: Fehldiagnose Globalisierung: Die Neuverteilung des Wohlstands nach der dritten industriellen Revolution. Frankfurt, New York 1998

Dettling, W.:: Bürgergesellschaft. Möglichkeiten, Voraussetzungen und Grenzen, APuZ, B38/98, S. 22–28 (1998)

DIW: "Bürgerarbeit": Kein sinnvoller Weg zur Reduzierung der Arbeitslosigkeit, DIW-Wochenbericht 4/1998

Donges, J. B., Freytag, A. (Hrsg.): Die Rolle des Staates in einer globalisierten Wirtschaft. Stuttgart 1998

Downs, A.: An Economic Theory of Political Action in a Democracy. Journal of Political Economy 65, S. 137–150 (1957)

Etzioni, A.: The Moral Dimension: Toward a New Economics. New York 1988

Etzioni, A.: Die Verantwortungsgesellschaft: Individualismus und Moral in der heutigen Demokratie, Darmstadt 1997

Etzioni, A.: Die Entdeckung des Gemeinwesens. Frankfurt 1998

Feenstra, R. C.: Integration of Trade and Disintegration of Production in the Global Economy. Journal of Economic Perspectives 12 (4), S. 31–50 (1998)

Francois, J. F., Nelson, D.: Trade, Technology, and Wages: General Equilibrium Mechanics. Economic Journal 108, S. 1483–1499 (1998)

Freeman, R. B.: Are Your Wages Set in Beijing? Journal of Economic Perspectives 9 (3), S. 15–32 (1995)

Germann, H., Raab, S., Setzer, M.: Messung der Globalisierung: ein Paradoxon. In: Steger, U. (Hrsg.): Facetten der Globalisierung: ökonomische, soziale und politische Aspekte. Berlin 1999, S. 1–25

Giarini, O., Liedtke, M.P.: Wie wir arbeiten werden – Bericht an den Club of Rome. Hamburg 1998

Gorz, A.: Wege ins Paradies. Thesen zur Krise, Automation und Zukunft der Arbeit. Berlin 1983

Greider, W.: Endstation Globalisierung: Der Kapitalismus frißt seine Kinder. München 1998

Gruppe von Lissabon: Grenzen des Wettbewerbs. Die Globalisierung der Wirtschaft und die Zukunft der Menschheit. München 1997

Habermas, J.: Die postnationale Konstellation und die Zukunft der Demokratie. Blätter für deutsche und internationale Politik, 7, S. 804–817 (1998)

Hardes, H.-D.: Zur Notwendigkeit von Reformen der Alterssicherung: Die Sicht der Weltbank und alternative Reformbeispiele. Wirtschaftswissenschaftliches Studium 27 (10), S. 503–510 (1998)

Heinze, R. G., Keupp, H.: Gesellschaftliche Bedeutung von Tätigkeiten außerhalb der Erwerbsarbeit. Gutachten für die ‚Kommission für Zukunftsfragen' der Freistaaten Bayern und Sachsen. Bochum-München 1997

Hine, R. C., Wright, P. W.: Trade with Low Wage Economies, Employment and Productivity in UK Manufacturing. Economic Journal 108, S. 1500–1510 (1998)

Kirchgässner, G.: Haftungsrecht und Schadensersatzansprüche als umweltpolitische Instrumente. Zeitschrift für Umweltpolitik und Umweltrecht, 15 (1), S. 15–44 (1992)

Kirsch, G.: Das Ehrenamt – Lösung oder Notlösung? Verwaltung und Management, 4. Jg, H. 4, S. 196–201 (1998)

Klages, H.: Engagement und Engagementpotenial in Deutschland. Erkenntnisse der empirischen Forschung. APuZ, B 38/98, S. 29–38 (1998)

Klopfleisch, R. et al.: Möglichkeiten des Wiedereinstiegs ins Erwerbsleben für Langzeitarbeitslose in Hessen. Darmstadt 1998

Kommission für Zukunftsfragen der Freistaaten Bayern und Sachsen: Erwerbstätigkeit und Arbeitslosigkeit in Deutschland – Entwicklung, Ursachen und Maßnahmen, Teil III. Bonn 1997

Kronberger Kreis: Globalisierter Wettbewerb: Schicksal und Chance. Bad Homburg 1998.

Krugman, P.: Pop Internationalism. Cambridge, Mass., 1996

Krugman, P.: The Accidental Theorist and Other Dispatches from the Dismal Science. New York 1998

Lafontaine, O., Müller, C.: Keine Angst vor der Globalisierung: Wohlstand und Arbeit für alle. Bonn 1998

Martin, H.-P., Schumann, H.: Die Globalisierungsfalle: Der Angriff auf Demokratie und Wohlstand. Reinbek 1996

Mayntz, R.: Interessenverbände und Gemeinwohl – Die Verbändestudie der Bertelsmann Stiftung, in: dies. (Hrgs.) Verbände zwischen Mitgliederinteressen und Gemeinwohl, Gütersloh 1992, S. 11–35

Naschold, F.: Regimewechsel oder Regimereform? Beschäftigung und wirtschaftliche Entwicklung in Europa, Manuskript 1998

Nielandt, J.: Der Nonprofit-Sektor – Neue Perspektiven für die Gemeinwirtschaft? Supplement der Zeitschrift Sozialismus 6/1998.

Ries, H. A., et al. (Hrsg.): Hoffnung Gemeinwesen. Neuwied 1997

Rifkin, J.: Das Ende der Arbeit und ihre Zukunft. Frankfurt/Main 1997

Keck, M. E., Sikkink, K.: Activists beyond Borders: Advocacy Networks in International Politics. New York 1998

Klages, H.: Engagement und Engagementpotenial in Deutschland. Erkenntnisse der empirischen Forschung. APuZ, B 38/98, S. 29–38 (1998)

Kommission für Zukunftsfragen der Freistaaten Bayern und Sachsen: Erwerbstätigkeit und Arbeitslosigkeit in Deutschland – Entwicklung, Ursachen und Maßnahmen, Teil III. Bonn 1997

Mayntz, R.: Interessenverbände und Gemeinwohl – Die Verbändestudie der Bertelsmann Stiftung, in: dies. (Hrgs.) Verbände zwischen Mitgliederinteressen und Gemeinwohl, Gütersloh 1992, S. 11–35

Naschold, F.: Regimewechsel oder Regimereform? Beschäftigung und wirtschaftliche Entwicklung in Europa, Manuskript 1998

Nielandt, J.: Der Nonprofit-Sektor – Neue Perspektiven für die Gemeinwirtschaft? Supplement der Zeitschrift Sozialismus 6/1998.

Obstfeld, M.: The Global Capital Market: Benefactor or Menace? Journal of Economic Perspectives 12 (4), S. 9–30 (1998)

Queisser, M: The Second-Generation Pension Reforms in Latin America. Paris 1998

Raffelhüschen, B.: Pareto-superiore Übergänge zum Kapitaldeckungsverfahren. 1991

Reich, R. B.: Die neue Weltwirtschaft: Das Ende der nationalen Ökonomie. Frankfurt 1996

Richardson, J. D.: Income Inequality and Trade: How to Think, What to Conclude. Journal of Economic Perspectives 9 (3), S. 33–55 (1995)

Ries, H. A., et al. (Hrsg.): Hoffnung Gemeinwesen. Neuwied 1997

Rifkin, J.: Das Ende der Arbeit und ihre Zukunft. Frankfurt/Main 1997

Rödel, U. et al.: Die demokratische Frage. Frankfurt 1989

Rürup, B.: Wohlfahrtsstaatliche Politik in der globalisierten Informationsgesellschaft. FES-Analyse (Friedrich-Ebert-Stiftung). Bonn 1998

Rürup, B.: Perspektiven der gesetzlichen Rentenversicherung, Gutachten im Auftrag des Bundesministeriums für Arbeit und Sozialordnung. Darmstadt 1996

Scharpf, F.W.: Globalisierung als Beschränkung der Handlungsmöglichkeiten nationalstaatlicher Politik. Köln 1997

Schmalensee, R., et al.: An Interim Evaluation of Sulfur Dioxide Emissions Trading. Journal of Economic Perspectives 12 (3), S. 53–68 (1998)

Schmals, M. K., Heinelt, H. (Hrsg.): Zivile Gesellschaft. Entwicklung, Defizite, Potentiale. Opladen 1997

Sennett, R.: Der flexible Mensch: Die Kultur des neuen Kapitalismus. Berlin 1998

Sesselmeier, W.: Mehr Beschäftigung durch eine negative Einkommensteuer: zur beschäftigungspolitischen Effektivität und Effizienz eines integrierten Steuer- und Transfersystems, Frankfurt et al. 1996

Setzer, M., Cullmann, O.: Globalization and Welfare – Consequences for Employment, Income Distribution and Social Security. Darmstadt 1996

Slaughter, M. J.: International Trade and Labour-Market Outcomes: Results, Questions, and Policy Options. Economic Journal 108, S. 1452–1462 (1998)

Smith, J., Chatfield, C., Pagnucco, R.: Transnational Social Movements and Global Politics: Solidarity Beyond the State. Syracuse 1998

Stavins, R. N.: What Can We Learn from the Grand Policy Experiment? Lessons from SO2 Allowance Trading. Journal of Economic Perspectives 12 (3), S. 69–88 (1998)

Steger, U. (Hrsg.): Wirkmuster der Globalisierung: nichts geht mehr, aber alles geht. Ladenburg 1998

Thurow, L.: Head to Head: The Coming Economic Battle Among Japan, Europe, and America. New York 1992

Thurow, L.: The Future of Capitalism: How Today's Economic Forces Will Shape Tomorrow's World. London 1996

Waggershausen, E.: Greening Industry. Seminararbeit, Leh rstuhl Politische Wissenschaften II, Universität Mannheim, unveröffentlichtes Manuskript 1997

Wienhöfer, E. et al. (Hrsg.): Bürgerforen als Verfahren der Technikbewertung, Arbeitsbericht Nr. 67 der Akademie für Technikfolgenabschätzung. Stuttgart 1996

Williamson, J. G.: Globalization, Labor Markets and Policy Backlash in the Past. Journal of Economic Perspectives 12 (4), S. 51–72 (1998)

Willke, H.: Supervision des Staates. Frankfurt 1997

Wood, A.: How Trade Hurt Unskilled Workers. Journal of Economic Perspectives 9 (3), S. 57–80 (1995)

Wood, A.: Globalisation and the Rise in Labour Market Inequalities. Economic Journal 108, S. 1463–1482 (1998)

Zürn, M.: Politik jenseits des Nationalstaates. Frankfurt 1998

Anhang 1: Mitautoren der Kapitel

Die einzelnen Kapitel dieses Buches sind das Ergebnis der gemeinsamen Forschungen von Mitgliedern des Ladenburger Kollegs. Verantwortlich für die Szenarien war jeweils eine Gruppe von Professoren und Mitarbeitern.

Die Koautoren der einzelnen Kapitel werden im folgenden aufgelistet.

Kapitel 2: Wirkmuster der Globalisierung: nichts geht mehr, aber alles geht
Dieses Kapitel beruht auf dem gleichnamigen Bericht des Ladenburger Kollegs. Mitglieder der Redaktionsgruppe dieses Berichts waren: Eberhard Feess, Guy Kirsch, Hermann Korte, Silke Raab, Christian Scholz, Ulrich Steger

Kapitel 3: Von Wirkmustern zu Szenarien – Optionen der Politik
Koautor: Paschen von Flotow

Kapitel 4: Das marktradikale Szenario
Koautoren: Andreas Johann, Rainer Münz, Rainer Ohliger, Christian Scholz

Kapitel 5: Das etatistische Szenario
Koautoren: Hermann Korte, Lutz Mättig, Carsten Müller, Bert Rürup

Kapitel 6: Das zivilgesellschaftliche Szenario
Koautoren: Jörg Flecker, Michèle Knodt, Beate Kohler-Koch, Thorsten Schulten

Kapitel 7: Ziele statt Instrumente: Plädoyer für eine Neuausrichtung der Globalisierungsdebatte
Koautor: Paschen von Flotow

Anhang 2: Das Ladenburger Kolleg „Globalisierung verstehen und gestalten"

Das Ladenburger Globalisierungs-Kolleg ist ein interdisziplinär zusammengesetzter Kreis von anerkannten Wissenschaftlern, die gemeinsam versucht haben, das Phänomen der Globalisierung zu erschließen. Ziel war es, Wirkungszusammenhänge zu erkennen und daraus in einem nächsten Schritt Handlungsoptionen für die Akteure der Globalisierung abzuleiten. Die Forschungsarbeit wird von der Gottlieb Daimler- und Karl Benz-Stiftung in Ladenburg gefördert.

Das Kolleg bestand aus einer Gruppe von Wissenschaftlern („Kerngruppe"), die interdisziplinär „rückgekoppelt" einzelne Schwerpunkte als Forschungsprojekte bearbeiteten. Daher wurden komplementär zu den Kolleg-Sitzungen auch thematisch fokussierte Workshops mit den Projektmitarbeitern abgehalten. In Anhang 3 wird ein Überblick über die einzelnen Forschungsprojekte und Publikationen gegeben. Daneben gab es einen erweiterten Kreis, bestehend aus Vertretern der Wirtschaft, Administration, Wissenschaft und Stiftungsgremien, mit denen die Zwischenergebnisse und einzelne Themenschwerpunkte vertiefend diskutiert wurden. Anhang 4 enthält einen Überblick über die Mitglieder der Kerngruppe und deren Projektmitarbeitern sowie des erweiterten Kollegs. Des weiteren wurden besonders in der ersten Phase externe Experten zur Klärung von Spezialfragen hinzugezogen.

Die einzelnen Forschungsvorhaben, wiesen Bezüge zueinander auf und bildeten kein enges thematisches Feld. Die Aufgabe der gemeinsamen Kollegarbeit bestand darin, diese Projekte aus den unterschiedlichen Perspektiven und fachlichen Kompetenzen zu diskutieren und anzureichern. Die Verantwortung der jeweiligen Autoren für Inhalt und Qualität blieb davon unberührt. Die zusammengefaßten Ergebnisse der Projekte sind in dem Sammelband *Facetten der Globalisierung* (ebenfalls im Springer-Verlag) veröffentlicht.

Daneben hatte sich die Kerngruppe das Ziel gesetzt, einen gemeinsamen Bericht zum Kollegthema „Globalisierung" zu erarbeiten. Auf diese Weise sollte in einem ersten Schritt das Wissen der Teilnehmer zusammengeführt werden, um das kontroverse Phänomen „Globalisierung" aus einer Gesamtschau zu analysieren. Dieser Bericht ist unter dem Titel *Wirkmuster der Globalisierung: nichts geht mehr, aber alles geht* im Eigenverlag der Gottlieb Daimler- und Karl-Benz-Stiftung erschienen. In einem zweiten Schritt wurden Handlungsempfehlungen mittels Szenarien erarbeitet. Die deutsche Situation sollte dabei als Bezugspunkt dienen, jedoch nicht die breiter angelegte Analyse dominieren. Das Ergebnis der Analyse bildet dieses Buch.

Anhang 3: Überblick über die Teilprojekte

Umwelt und Globalisierung: das Problem nationaler Vorreiterrollen

Eberhard Feess, Andreas Stocker

Publikationen:

Feess, E., Stocker, A: Handelbare Emissionszertifikate und Joint Implementation als komplementäre Instrumente gegen den Treibhauseffekt, in: Zeitschrift für Umweltpolitik und Umweltrecht, 2 / 1998, S. 145 – 160

Feess, E., Mühlheußer, G.: Strategic Environmental Policy, International Trade and the Learning Curve: The Significance of the Environmental Industry, Arbeitspapier Nr. 87 des Fachbereichs Wirtschaftswissenschaften der Johann Wolfgang Goethe Universität.

Feess, E., Taistra, G.: The Porter Hypothesis on Environmental Policy, Frankfurt 1998

Arbeitsbeziehungen und Arbeitsorganisation – Umbrüche im Zeitalter der Globalisierung

Jörg Flecker, Manfred Krenn, Thorsten Schulten

Publikationen:

Flecker, J.: Globalisierungsprozesse und industrielle Arbeitsbeziehungen; in: U. Steger (Hrsg.), Globalisierung der Wirtschaft – Konsequenzen für Arbeit, Technik und Umwelt, Berlin / Heidelberg / New York 1996

Flecker, J.: „Globalisierung“ – Was soll die Diskussion?, in: Informationen über Multinationale Konzerne 4 / 1996

Flecker, J., Schulten, Th.: Am Ende der Gewißheiten. Zum Umbruch des “deutschen Modells” sozio-ökonomischer Institutionen, FORBA-Schriftenreihe 1 / 1997

Flecker, J.: Zwischen Anpassung und Abkopplung. Arbeitsgestaltung und gesellschaftliche Institutionen im internationalen Standortwettbewerb, in: J. Flecker (Hrsg. im Auftrag der Forschungs- und Beratungsstelle Arbeitswelt), Jenseits der Sachzwanglogik. Arbeitspolitik zwischen Anpassungsdruck und Gestaltungschancen, Berlin 1997

Flecker, J., Krenn, M.: Einfluß der Unternehmensinternationalisierung auf den Wandel der Produktionsorganisation, FORBA-Schriftenreihe 3 / 1997

Flecker, J., Schulten, Th.: Arbeitsbeziehungen in Europa und die Zukunft des “europäischen Sozialmodells”, in: R. Berger, U. Steger (Hrsg.), Auf dem Weg zur europäischen Unternehmensführung – ein Lesebuch für Manager und Europäer, München 1998

Flecker, J., Krenn, M., Schulten, Th.: Arbeitsbeziehungen und Arbeitsorganisation – Umbrüche im Zeitalter der Globalisierung, FORBA-Forschungsbericht 2 / 1998

Flecker, J.: Das duale System der Arbeitsbeziehungen im Zeitalter der Globalisierung, in: Kurswechsel 1 / 1998

Bispinck, R., Schulten, Th.: Globalisierung und das deutsche Kollektivvertragsmodell, in: WSI-Mitteilungen 4 / 1998

Antworten der internationalen Politik auf die Unverträglichkeiten von Globalisierung

Beate Kohler-Koch, Guy Kirsch, Michèle Knodt, Gerhard Lohmann, Cornelia Ulbert

Publikationen:

Kohler-Koch, B., Ulbert, C.: Internationalisierung, Globalisierung und Entstaatlichung, in: R. H. Hasse (Hrsg.), Nationalstaat im Spagat, Stuttgart 1996

Kohler-Koch, B.: Politische Unverträglichkeiten von Globalisierung, in: U. Steger (Hrsg.), Globalisierung der Wirtschaft – Konsequenzen für Arbeit, Technik und Umwelt, Berlin, Heidelberg, New York 1996, S. 83-114

Kohler-Koch, B.: Der Nationalstaat im Übergang zum 21. Jahrhundert: erfolgsträchtig oder überholt?, in: K. Armingeon (Hrsg.), Der Nationalstaat am Ende des 20. Jahrhundert, Bern / Stuttgart 1996, S. 127 – 147

Globalisierung aus soziologischer Sicht

Hermann Korte, Lutz Mättig

Publikationen:

Korte, H., Mättig, L.: Individualisierung und Globalisierung: eine soziologische Forschungsperspektive, in: U. Steger (Hrsg.): Globalisierung der Wirtschaft – Konsequenzen für Arbeit, Technik und Umwelt, Berlin / Heidelberg / New York 1996, S. 115 – 130

Korte, H., Mättig, L.: Globalisierung als sozialer Prozeß: Gesellschaftliche Voraussetzungen und Reaktionen. Diskussionspapiere aus dem Institut für Soziologie, Universität Hamburg 3 / 97

Mättig, L.: Globalisierung aus Sicht der soziologischen Prozeßtheorie Norbert Elias', in: Münchner Gesellschaft für dialektische Philosophie (Hrsg.), Widerspruch. Zeitschrift für Philosophie, 1998

Determinanten, Standortrelevanz und Effektivität global gestreuter F & E-Aktivitäten

Klaus Macharzina, Dominik Hofmann, Michael-Jörg Oesterle

Publikationen:

Macharzina, K.: Globalisierung als Unternehmensaufgabe: Stragegien und Organisation, Kriterien für Standortentscheidungen, in: U. Steger (Hrsg.): Globalisierung der Wirtschaft – Konsequenzen für Arbeit, Technik und Umwelt, Berlin / Heidelberg /New York 1996, S. 199–215

Internationale Migration – Auswirkungen der Globalisierung von Arbeitsmärkten

Rainer Münz, Wolfgang Seifert, Ralf Ulrich

Publikationen

Münz, R.: Internationale Migration nach Europa und Deutschland: Auswirkungen der Internationalisierung von Arbeitsmärkten und der Globalisierung von Migrationssystemen, in: U. Steger (Hrsg.): Globalisierung der Wirtschaft – Konsequenzen für Arbeit, Technik und Umwelt, Berlin / Heidelberg / New York 1996, S. 177–195

Münz, R., Ulrich, R. E.: Internationale Wanderungen von und nach Deutschland, 1945—94. Demographische, politische und gesellschaftliche Aspekte räumlicher Mobilität. Allgemeines Statistisches Archiv 1 / 1996, S. 5 – 35

Münz, R., Ulrich, R. E.: Changing Patterns of German Immigration, 1945 – 1994. In: K. Bade and M. Weiner (eds.): Migrants Past, Migrants Future: Germany and the United States. Oxford 1997, S. 65 – 119

Münz, R., Ulrich, R. E.: Das zukünftige Wachstum der ausländischen Bevölkerung in Deutschland. Demographische Prognosen bis 2030, in: Demographie aktuell 12. Berlin: Humboldt-Universität, 1997

Bender, S., Seifert, W.: Die Auswirkungen der Globalisierung auf die lokalen Arbeitsmärkte für Zuwanderer in Deutschland. Eine empirische Analyse am Beispiel der Arbeitsmarktregionen Ruhr, Stuttgart und Frankfurt / M. Demographie aktuell 11. Berlin: Humboldt-Universität, 1997

Seifert, W.: Integration of „Old" and „New" Immigrant Groups in Germany. Vierteljahreshefte zur Wirtschaftsforschung, 66, 1997, 159 – 168

Münz, R., Seifert, W. , Ulrich, R.: Zuwanderung nach Deutschland. Strukturen, Wirkungen, Perspektiven, Frankfurt / Main; New York 1997

Ökonomische Dimensionen, Bereiche und Indikatoren der Globalisierung

Bert Rürup, Oliver Cullmann, Harald Germann, Hannes Schmüser, Martin Setzer

Publikationen:

Germann, H., Rürup, B., Setzer, M.: Globalisierung der Wirtschaft: Begriff, Bereiche, Indikatoren, in: U. Steger (Hrsg.): Globalisierung der Wirtschaft – Konsequenzen für Arbeit, Technik und Umwelt, Berlin / Heidelberg / New York 1996, S. 18 – 55

Setzer, M.: Globalisierung und die Zunkunft der Arbeit, in: Zukünfte, Heft 19, 1997

Rürup, B.: Globalization and Social Security – Globalización y previsión social, in: Memoria del Seminario Internactional 1997, Estrategias económicas para el nuevo milenio: Globalización con justicia social, S. 320 – 336

Rürup, B.: Forms of Future Employment, in: P. James, W. F. Veit, S. Wright (Hrsg.), Work of the Future – Global Perspectives, Sydney 1997, S. 88 – 95

Personal- und Organisationsentwicklung im Spannungsfeld von Globalisierungsstrategien

Christian Scholz, Tanja Garbers, Lars Timmermann

Publikationen

Scholz, Ch., Stein, V.: Ladenburger Diskurs „Globalisierung der Wirtschaft". Personal- und Organisationsentwicklung im Spannungsfeld von Globalisierungsstrategien, Arbeitspapier des Lehrstuhls für Betriebswirtschaftslehre, insbesondere Organisation, Personal- und Informationsmanagement an der Universität des Saarlandes, Saarbrücken 1995

Scholz, Ch.: Auswirkungen der Globalisierung auf die Personal- und Organisationsentwicklung, in: U. Steger (Hrsg.), Globalisierung der Wirtschaft, Berlin/Heidelberg/New York 1996, S. 216 – 234

Scholz, Ch., Stein, V., Timmermann, L.: Personal- und Organisationsentwicklung als Instrument zur Realisierung von Globalisierungsstrategien. Diskussionsbeitrag Nr. 46 des Lehrstuhls für Betriebswirtschaftslehre, insbesondere Organisation, Personal- und Informationsmanagement an der Universität des Saarlandes, Saarbrücken 1996

Scholz, Ch.: Interkulturelles Management, Bildung von Auslandsniederlassungen: Erfolg in Großbritannien und Deutschland, in: Der Karriereberater 21 (6 / 1997), S. 61-84

Scholz, Ch.: Organisation in globalisierenden Unternehmen: Multiperspektivität als Herausforderung, in: Ch. Scholz, J. Zentes (Hrsg.), Strategisches Euro-Management Bd. 2, Stuttgart 1998, S. 211–229

Konsequenzen der Globalisierung für die Koordination in international tätigen Unternehmen am Beispiel der chemisch / pharmazeutischen Industrie

Ulrich Steger, Clemens Riedl

Publikationen

Steger, U. (Hrsg.): Globalisierung der Wirtschaft: Konsequenzen für Arbeit, Technik und Umwelt, Berlin / Heidelberg / New York 1996

Steger, U.: A World in Transition: The Repercussions of Globalisation, in: European Business School (Hrsg.), Erfahrung – Bewegung – Strategie, Wiesbaden 1996, S. 227 ff.

Steger, U.: Globalisierung – nutzen die Deutschen ihre Chancen?, in: R. Koch (Hrsg.), Chancengesellschaft, München 1997, S. 71 ff.

Riedl, C., Steger, U.: Sozio-ökonomische Ressentiments gegenüber Direktinvestitionen – Ursachen und betriebswirtschaftliche Möglichkeiten ihrer Handhabung, in: K. Macharzina, M.-J. Oesterle (Hrsg.), Handbuch Internationales Management, Wiesbaden 1997, S. 827 ff.

Anhang 4: Mitglieder des Kollegs

Kerngruppe

Prof. Dr. Eberhard Feess, Lehrstuhl für Wirtschaftliche Staatswissenschaften IV, Universität Frankfurt

Dr. Jörg Flecker, FORBA, Forschungs- und Beratungsstelle Arbeitswelt, Wien

Prof. Dr. Beate Kohler-Koch, Lehrstuhl für Politische Wissenschaft, Universität Mannheim

Prof. Dr. Hermann Korte, Institut für Soziologie, Universität Hamburg

Prof. Dr. Klaus Macharzina, Lehrstuhl für Unternehmensführung, Organisation und Personalwesen, Universität Hohenheim

Prof. Dr. Guy Kirsch, Seminar für Finanzwissenschaft, Universität Fribourg

Prof. Dr. Rainer Münz, Lehrstuhl für Bevölkerungswissenschaften, Humboldt-Universität Berlin

Prof. em. Dr.-Ing. Gerhard Pahl, Darmstadt

Prof. Dr. Bert Rürup, FB1 – VWL III – Finanzwissenschaften, Technische Hochschule Darmstadt

Prof. Dr. Christian Scholz, Lehrstuhl für Organisation, Personal- und Informationsmanagement, Universität des Saarlandes, Saarbrücken

Prof. Dr. Ulrich Steger (Leiter des Kollegs), Institut für Ökologie und Unternehmensführung an der European Business School e. V., Oestrich-Winkel und International Institute for Management Development – IMD, Lausanne

Erweitertes Kolleg

Dr. Ulrich Cartellieri, Mitglied des Vorstands, Deutsche Bank AG, Frankfurt

Dr. Eckhardt John von Freyend, Vorsitzender des Vorstands, IVG Industrieverwaltungsgesellschaft, Bonn

Rupert Gasser, Generaldirektor, Nestlé S. A., Vevey

Prof. Dr. Carl Friedrich Gethmann, Fachbereich Philosophie, Universität Essen

Augustinus o. praem Heinrich Graf Henckel v. Donnersmarck, Kath. Büro NRW, Düsseldorf

Prof. Dr. Gotthilf Hempel, Zentrum für Marine Tropenökologie, Bremen

Dr. Hagen Hultzsch, Mitglied des Vorstands, Deutsche Bundespost Telecom, Bonn

Dr. Eberhard v. Koerber, Präsident, ABB – Asea Brown Boveri Europe, Brüssel

Prof. Dr. Lenelis Kruse, FB Erziehungs- und Sozialwissenschaften, FernUniversität Gesamthochschule Hagen

Hans-Peter Martin, Redaktion Spiegel, Wien

Prof. Dr. Jürgen Mittelstraß, Philosophische Fakultät, Universität Konstanz

Prof. Dr. Udo Müller, Institut für Volkswirtschaftslehre, Abt. Ordnungs- und Prozeßpolitik, Universität Hannover

Prof. Dr. Günter Pritschow, Institut für Steuerungstechnik der Werkzeugmaschinen und Fertigungseinrichtungen, Universität Stuttgart

Dr. Wolfgang Riehle, Wacker Siltronic, Burghausen

Dr. Lorenz Schomerus, Bundesministerium für Wirtschaft, Bonn

Dr. Albert Schunk, IG Metall, Frankfurt

Prof. Dr. Erich Staudt, Lehrstuhl für Arbeitsökonomie, Universität Bochum

Prof. Dr. A. Weber, Institut für Allgemeine Botanik und Botanischer Garten, Universität Hamburg

Teilnehmer der Gottlieb Daimler- und Karl Benz-Stiftung:
Prof. Dr. Gisbert Frhr. zu Putlitz (Vorstand)
Dr.-Ing. Diethard Schade (Vorstand)
Dr. Horst Nienstädt (Geschäftsführung)

Projektmitarbeiter

Dr. Dietmar Brodel, Lehrstuhl für Unternehmensführung, Organisation und Personalwesen, Universität Hohenheim

Dr. Oliver Cullmann, Institut für Volkswirtschaftslehre, Fachgeb. Finanzwissenschaft, Technische Hochschule Darmstadt

Tanja Garbers, Lehrstuhl für Organisation, Personal- und Informationsmanagement, Universität des Saarlandes, Saarbrükken

Harald Germann, Institut für Volkswirtschaftslehre, Fachgeb. Finanzwissenschaft, Technische Hochschule Darmstadt

Dominik Hofmann, Lehrstuhl für Unternehmensführung, Organisation und Personalwesen, Universität Hohenheim

Andreas Johann, Europa Institut, Wirtschaftswissenschaften Abteilung BWL, Saarbrücken

Dr. Michèle Knodt, Mannheimer Zentrum für Europäische Sozialforschung (MZES), Universität Mannheim

Dr. Gerhard Lohmann, Seminar für Finanzwissenschaften, Universität Fribourg

Lutz Mättig, Institut für Soziologie, Universität Hamburg

Carsten Müller, Technische Universität Darmstadt, Institut für Volkswirtschaftslehre

Dr. Michael-Jörg Oesterle, Lehrstuhl für Unternehmensführung, Organisation und Personalwesen, Universität Hohenheim

Rainer Ohliger, Lehrstuhl für Bevölkerungswissenschaft, Humboldt-Universität Berlin

Silke Raab, Institut für Ökologie und Unternehmensführung an der European Business School e. V., Oestrich-Winkel

Dr. Clemens Riedl, Institut für Ökologie und Unternehmensführung an der European Business School e. V., Oestrich-Winkel

Dr. Johannes Schmidt, Institut für Ökologie und Unternehmensführung an der European Business School e.V., Oestrich-Winkel

Dr. Hannes Schmüser, Institut für Volkswirtschaftslehre, Fachgeb. Finanzwissenschaft, Technische Hochschule Darmstadt

André Schneider, Wiesbaden

Thorsten Schulten, WSI Wirtschafts- und Sozialwissenschaftliches Institut, Hans-Böckler-Stiftung, Düsseldorf

Dr. Wolfgang Seifert, Lehrstuhl für Bevölkerungswissenschaften, Humboldt-Universität Berlin

Dr. Martin Setzer, Deutsche Bank, Transaction Services, Eschborn

Lars Timmermann, Lehrstuhl für Organisation, Personal- und Informationsmanagement, Universität des Saarlandes, Saarbrücken

Dr. Cornelia Ulbert, Fakultät für Verwaltungswissenschaft, Universität Konstanz

Dr. sc. Ralf Ulrich, Lehrstuhl für Bevölkerungswissenschaften, Humboldt-Universität Berlin

Dr. Paschen von Flotow, Institut für Ökologie und Unternehmensführung an der European Business School e.V., Oestrich-Winkel

Springer und Umwelt

Als internationaler wissenschaftlicher Verlag sind wir uns unserer besonderen Verpflichtung der Umwelt gegenüber bewußt und beziehen umweltorientierte Grundsätze in Unternehmensentscheidungen mit ein. Von unseren Geschäftspartnern (Druckereien, Papierfabriken, Verpackungsherstellern usw.) verlangen wir, daß sie sowohl beim Herstellungsprozess selbst als auch beim Einsatz der zur Verwendung kommenden Materialien ökologische Gesichtspunkte berücksichtigen.
Das für dieses Buch verwendete Papier ist aus chlorfrei bzw. chlorarm hergestelltem Zellstoff gefertigt und im pH-Wert neutral.

Springer

Made in the USA
Las Vegas, NV
11 November 2024

11551661R00083